AUTHENTICITÉ

DES

TITRES DES CROISADES

DE LA

COLLECTION COURTOIS

PAR

Robert de COURSON

VANNES

LIBRAIRIE LAFOLYE

—

1896

AUTHENTICITÉ

DES

TITRES DES CROISADES

DE LA

COLLECTION COURTOIS

PAR

Robert de COURSON

VANNES

LIBRAIRIE LAFOLYE

—

1896

AUTHENTICITÉ DES TITRES DES CROISADES

DE LA COLLECTION COURTOIS

L A Bibliothèque de l'Ecole des chartes,[1] en 1894 et dans son bulletin de décembre 1895, page 347, a publié la mention des sujets mis au concours par l'Académie des Inscriptions, entre autres : *Etude critique sur l'authenticité des documents relatifs aux emprunts des Croisés.* — Prix Bourdin pour 1896.

Quoique je n'aie pas l'intention de prétendre à la flatteuse récompense offerte par cette savante école, ni la présomption de vouloir défendre l'un des siens, qui fut un de ses professeurs ou son directeur, pendant 25 ans[1], M. Lacabane, que quelques personnes paraissent soupçonner aujourd'hui de sottise ou de cupidité, j'ai cru devoir écrire les lignes qu'on va lire, en attendant qu'un archéologue autorisé vienne jeter sur la question une lumière plus grande.

Bien qu'ayant, depuis plusieurs années, examiné avec le plus grand intérêt tout ce qui se rapporte aux croisades et

---

[1] C'est M. Lacabane qui fut le fondateur de la société de l'Ecole de chartes. Elève pensionnaire, en 1821, il était professeur, en 1846, directeur en 1857, directeur honoraire en 1871, jusqu'à sa mort, qui eut lieu à 87 ans, en 1885. Après de tels titres il paraît difficile de faire, comme on l'a tenté, que M. Lacabane ait été un homme de mince valeur. Très obèse, il commença à baisser un peu, vers 1880 ; mais jusque-là il avait conservé la plénitude de son intelligence. J'ai eu l'honneur de causer deux fois avec lui, en 1875 et en 1880.

aux salles qui leur ont été affectées à Versailles, je n'avais jamais eu l'intention d'écrire quoi que ce soit sur ce sujet. J'estimais, après avoir étudié la grande discussion qui s'éleva, de 1840 à 1844, entre les archivistes, les historiens, les généalogistes de tous les pays, que la question était jugée et qu'il n'était plus possible de douter de l'*Authenticité* des titres de la collection Courtois, quand on s'était donné la peine de l'examiner attentivement.

La mention dont on vient de lire plus haut la teneur m'avait, il est vrai, frappé; mais, comme elle ne concluait pas, je ne m'y étais pas arrêté, lorsqu'il y a un mois j'ai lu, dans la *Revue de Bretagne et Vendée*, de juillet 1895, la phrase suivante :

« Bien entendu, je ne compte pour rien les chartes de croi-
« sades du cabinet Courtois dont la fausseté ne fait plus
« question aujourd'hui, ces fameuses procurations, d'avril
« 1249, données par maints écuyers ou chevaliers bretons, au
« fabuleux marinier Hervé, maître du vaisseau la Pénitence
« de Dieu. »

C'est bien là ce qu'on nomme une exécution sans phrases, bien mieux, sans jugement! Une pareille assertion, sans aucune preuve à l'appui, et qui pourrait paraître un jugement définitif sur une cause qui n'est nullement entendue par l'école des chartes, puisqu'elle promet, depuis plusieurs années le prix Bourdin au meilleur travail sur l'authenticité des titres de croisades de la collection Courtois, appelait, m'a-t-il semblé tout au moins une courte réplique.

Nous ne pouvons croire, quant à nous, que l'éminent président et fondateur de la société de l'École de chartes, soit déclaré aujourd'hui incapable ou complice d'une colossale mystification! Nous ne saurions admettre que les nombreux élèves de l'École des chartes d'hier, aient accepté sans protester avec énergie, soit une erreur manifeste, soit une indignité, ou bien qu'ils aient tous été trompés, eux aussi et leur perspicacité mise en défaut! Je ne me dissimule aucunement que je n'ai ni une science ni une notoriété qui me permettent de traiter une aussi délicate question, avec autorité. Je l'entreprendrai néanmoins, puisque personne ne m'a paru vouloir le faire, parce que j'ai trouvé l'assertion de la *Revue de Bretagne et Vendée* d'autant plus grave, qu'elle est tombée de la plume d'un historien éminent, pour l'érudition duquel la Bretagne, et moi personnellement, nous professons la plus grande admiration et le plus grand respect.

Je n'ai donc qu'un désir, c'est qu'on veuille bien me faire des objections, auxquelles je répondrai, avec tout le soin possible, on peut en être certain ; car, pour l'instant, je ne fais que résumer ici la question, réservant les preuves de détails pour une polémique sur laquelle je compte bien !

Nous avertissons le lecteur que nous ayons puisé nos renseignements aux sources les plus authentiques[1]. On ne devra pas s'étonner de rencontrer, dans les pages qui vont suivre, de nombreuses citations et des arguments anciens. Je ne saurais mieux défendre ma thèse, je pense, qu'en faisant de fréquents emprunts aux écrivains, de 1840, notamment à Messieurs de Blancmesnil, Lainé, Borel *d'Hauterive*, Gazzera, qui se sont occupé de la question, *au moment où les originaux de la collection Courtois, au complet, pouvaient être vus et examinés librement*, chose impossible aujourd'hui, puisque les pièces sont dispersées, ayant été vendues, ou données en partie.

PREMIÈRE PARTIE

L'idée de consacrer, dans le palais de Versailles, une salle aux souvenirs des croisades et de rattacher ainsi au passé la fleur de la noblesse française, alors existante, était venue, vers 1840, au roi Louis-Philippe, ou du moins à son entourage.

---

[1] Nous n'aurions garde, du reste, d'oublier de citer nos auteurs.

Mais, les matériaux, nécessaires à l'édification de ce glorieux monument historique, « destiné à faire rejaillir sur l'époque actuelle l'éclat incomparable que le temps peut seul donner », se trouvaient malheureusement en petit nombre, car le but, était de réunir en un même lieu, le nom et les armes *des familles françaises existantes* dont les ancêtres avaient pris part aux croisades.

Les chartes connues, les anciennes chroniques, fournissaient, il est vrai, quelques noms pouvant avec certitude être attribués à des *maisons existantes*, mais la totalité de ces noms montait à un chiffre trop restreint, pour remplir la grande salle réservée à l'inscription des croisés. Il fallut y adjoindre, afin de combler les vides, des tableaux représentant les principales batailles des expéditions d'Orient et admettre aussi les écussons de quelques familles, récemment éteintes.

A peine cette salle venait-elle d'être terminée, qu'une collection de titres, du temps des croisades[1], fut signalée à l'attention des archéologues.

Le premier détenteur de cette collection, M. Courtois, simple particulier, dans une position modeste et qui ne s'était jamais occupé de questions féodales, annonça qu'il possédait ces titres, en même temps *qu'il en dressait le catalogue*, disant : *Voilà les pièces, jugez-les.*

M. Lacabane, président de la société de l'École des chartes, conservateur-adjoint à la bibliothèque royale et directeur du cabinet des titres à la section des manuscrits, homme aussi estimé que distingué, comme on va le voir, reçut aussitôt ces pièces des mains de leur propriétaire, avec mission de la part du Roi de les examiner.

« La notoriété des connaissances généalogiques de Monsieur Lacabane était si étendue, la haute impartialité de son équité si bien

---

[1] Elle comprenait des titres de plusieurs croisades.

établie, dit M. de Mas-Latrie, que[1], lorsque le roi Louis-Philippe destina le palais de Versailles à réunir les souvenirs de toutes nos gloires françaises, le gardien du Cabinet des titres fut naturellement désigné pour diriger et contrôler la formation des galeries réservées aux croisades.

« Les cinq ou six années consacrées à cette œuvre, furent, pour lui un temps de satisfaction et de triomphe, mêlé, il faut le dire, de quelques tourments, dus à l'apparition soudaine et trop opportune d'un nombre considérable de chartes de croisés, jusque-là inconnues et provenant, pour la plupart, de Gênes. *Avec l'abbé Gazzera, ancien secrétaire perpétuel de l'académie de Turin, paléographe consommé, avec notre ami Canale, auteur d'une savante histoire de Gênes, et nombre d'autres critiques autorisés, nous persistons à considérer, nonobstant des avis contraires, l'immense majorité de ces pièces comme parfaitement authentique.* »

Dès que les chartes[2] parurent, elles devinrent l'objet de l'intérêt général, d'autant plus qu'elles voyaient le jour au moment le plus opportun, trop opportun si l'on veut, en apparence, ce qui n'a rien pourtant qui doive nous étonner, après réflexion, quoi que l'on en ait dit. Le motif, en effet, qui devait les mettre en lumière, n'était-il pas, précisément, la création de la salle des croisades ? La cause de leur découverte n'était-elle pas le pillage de la banque de Gênes, en 1794 ?

« Les hommes spéciaux, rapporte M. de Blancmesnil[3], furent d'abord très surpris d'une pareille agglomération de titres, qui présentaient, du reste, toutes *les conditions de la plus parfaite authenticité.* »

Une lettre de saint Louis accompagnait cette collection, et offrait, de plus à l'histoire, des détails inconnus autant que précieux, tout en justifiant, par sa teneur, la masse des titres souscrits par les croisés, au profit de citoyens génois. Voici la lettre traduite :

[1] *Bibl. de l'École des chartes*, t. 46, 1855 p. 153.
[2] Toutes sur parchemin.
[3] Notice sur quelques anciens titres, par le comte de Delley de Blancmesnil, Paris, 1866, chez Delaroque, aîné.

Louis, par la grâce de Dieu, roi des Français, aux hommes sages
au conseil et à la communauté des citoyens génois qui se trouvent
en deça de la mer, salut et dilection sincère. Nous voulons vous
notifier que cent vingt titres d'obligations, consentis à quelques
citoyens de votre dite communauté, savoir trois par nous-mêmes
et le surplus par divers chevaliers écuyers et autres croisés,
ayant été trouvés dans un vaisseau pirate, récemment capturé
par nos galères et nous ayant été remis par notre cher et fidèle
maître des arbalétriers, nous nous proposons de vous les res-
tituer ; mais, de l'avis de personnes sages, sur les dits 120 titres,
nous en avons retenu 55, comme étant sans valeur, parce qu'il
nous est apparu, par le témoignage de gens dignes de foi et par
toute espèce de preuve nécessaire, diligemment faite devant nous,
qu'ils ont été pleinement et entièrement soldés auxdits citoyens, ce
dont il eut été mieux et plus juste, de la part de ces mêmes citoyens,
d'établir la preuve de fait, en raturant dûment l'écriture ou en
enlevant les sceaux, ainsi qu'il convient de faire en pareil cas et que
cela avait été expressément convenu.

En conséquence, nous vous mandons que vous y preniez si bien
garde et que, considérant les nombreux préjudices qui peuvent,
ainsi que ce dernier événement a pu vous le faire comprendre,
résulter de cette blamable négligence, vous vous comportiez à
l'avenir de telle sorte, relativement a ce qui a été dit ci-dessus,
que nous ayons lieu de donner des éloges mérités à votre exactitude et de vous en savoir gré.

Donné au camp, devant Césarée de Palestine, l'an du Seigneur
1250, au mois d'août.

Scellé sur queue de parchemin du sceau royal : — Saint Louis
assis le sceptre en main. La tête est brisée. La légende a dis-
parue presque entièrement — R° une fleur de lys. Au dos sur un
petit carré de parchemin collé, on lit : Larcarius CCXV. V. [1]

M. Courtois avait cédé sa collection à M. Letellier et c'est
ce dernier qui vendit les titres ou, parfois, les donna gratis aux
familles intéressées. Ces deux messieurs étaient des hommes
d'une honorabilité reconnue et contre eux personne n'a
jamais pu se livrer qu'à des imputations sans preuves et qui
ont tourné à la confusion de leurs auteurs.

La lettre de saint Louis dont nous venons de parler est à

[1] Chartes de Nolis, de 1249.

la Bibliothèque nationale[1], ainsi qu'un grand nombre de titres de croisades non réclamés et qui n'ont point été vendus ni donnés. Nos contradicteurs ne manqueront pas de les y aller voir.

Il suffit d'examiner la lettre de saint Louis, pour être absolument convaincu de son authenticité[2]. Si elle fut conservée par les banquiers génois, avec la masse des autres titres, c'était évidemment par une mesure d'ordre, familière aux financiers et aux hommes d'affaires de ce temps et pour établir que les 55 titres qui manquent, comme l'indique la lettre de saint Louis, ont été retenus par le roi de France et par suite ne sont pas rentrés.

La collection provenait des archives de la banque de Saint-Georges, à Gênes, établissement qui trafiqua avec de grandes compagnies de navigation.

Au surplus, la banque avait intérêt à conserver ces titres pour servir d'avis et rendre plus exacts ces prêteurs, lesquels étaient souvent de véritables usuriers juifs, contrefaisant, surchargeant les pièces, de façon à se faire payer induement, deux fois, le prix convenu, comme le dit la lettre du roi. Personne ne s'étonnera que ces titres soient parvenus jusqu'à nous, quand on voit le nombre incommensurable de quittances périmées, d'états de solde, de quittances de gages, que possèdent nos archives publiques et privées datant de cinq ou six siècles.

Pour donner une idée de ce qu'étaient ces titres, nous allons en présenter trois, pris au hasard:

« Universis presentes litteras inspecturis notum sit quod no s Guillelmus de Asperomonte, Guillelmus de Columbers, Reginaldus Gremen et Guillelmus Bigot, milites, habuimus et mutuo re-

---

1 Manuscrits latins. Nouv. acquis. (N~~1000~~) n° 306 (chiffre à l'encre rouge) Lettre de saint Louis.

1 Les preuves d'authenticité, que nous donnons plus bas au sujet des titres, s'appliquent évidemment aussi à la lettre de saint Louis, pour laquelle ces chartes ne sont que les pièces à l'appui.

cepimus ab Anfreono Nicolai et Odino Pancia, civibus et mercato-
ribus januensibus, trecentas libras Turonenses pro quibus nobis
sic mutuandis nobilis vir, karissimus dominus noster Alfonsus,
comes pictaviensis, ad instanciam et preces nostras plegium et
principalem debitorem se erga predictos mercatores constituit.
Nos vero, eidem domino comiti omnia bona nostra, mobilia et im-
mobilia, habita et habenda, specialiter obligavimus et de ipsa
quantitate pecunie tenemus nos pro pagatis et prefatos mercatores quietamus. In cujus rei testimonium, presentes letteras, ego
Guillelmus de Asperomonte, sigilli mei munimine roboravi. Actum
apud Damyetam, anno Domini millesimo ducentesimo quadragesimo nono, mense novembris. »

En voici un autre, analogue pour toutes les maisons bretonnes qui prirent part à la croisade de saint Louis, en 1249:

« Universis presentes litteras inspecturis notum sit quod nos,
Guyomardus le Bret, Guillelmus de Bruc, milites, Gaufridus de
Riboessiera et Johannes de santo Desiderio, armigeri, ad commu-
nem custum' transfretationis associati, de prudentia Hervei, ma-
rinarii, Nannetensis civis, plene confidentes, dicto Herveo plenam
et omnimodam potestatem damus tractandi, ordinandi, conve-
niendi, pro nobis et nostro nomine, cum quibuscumque navium
dominis et parcionariis, super passagii nostri ad Damyetam, pro-
mittentes nos ratum habituros et completuros quicquid per dic-
tum procuratorem nostrum circa hoc factum fuerit et conven-
tum. Datum apud Nymocium, sub sigillo mei, Guyomardi supra-
dicti, anno domini millesimo ducentesimo, quadragesimo nono,
mense aprilis. »

L'acte porte un sceau sur queue de parchemin, en cire
verte et ayant pour armoiries une barre chargée de trois
macles et accompagnée de deux tiges de fougère, avec cette
légende : « S. Guiomardi Lebret ».

Au dos est écrit, en écriture beaucoup plus récente : « Pro-
curazione maraboti Savina CCLV. P. »

Voici un titre en espagnol :

« Conozuda cosa sea a coantos esta carta veran, como yo Pero
Martineytz de la Guardia, mesnadero, recebi de vos, Agapito Gacolo,

XLV livras de' bonos torneses, las quales a mi prestastels por mandumiento del señor Alffonso, conde de Poeters, los quales dineros devo dar et pagar en tiempo et en peña dichos, et de los quales dineros me tiengo pro pagado de vos. Son testigos de esto D. M. Astor de Mun et R. de Monias cavailleros.

Et yo Ferrandez, clerigo, scrivi esta carta et ffiz esti mio sig†no acostumpnado et testimoniança de las antedichas-cosas. »

On lit au dos, d'une écriture plus récente : quittanza Gazolo ; LIII, XII. G.

« L'a-propos de l'apparition de ces titres, qui arrivaient à point pour enrichir le monument élevé aux gloires historiques de la France, le nombre des titres qui montait à deux mille environ[1], leur conservation en une masse compacte, qui avait traversé plusieurs siècles, le mystère de leur transmission jusqu'à nous[2], toutes ces considérations autorisaient le soupçon. Les hommes les plus graves, dit M. de Blancmesnil, trouvèrent que ces chartes devaient tout d'abord inspirer peu de confiance ; pourtant l'état du parchemin et de l'encre, l'écriture reproduisant la perfection du type des douzième et treizième siècles, *une calligraphie différente et propre à chaque titre*, la gravure et le caractère des sceaux, conforme à ceux qu'on possède et qui proviennent sans conteste de ces lointaines époques, la concordance de plusieurs de ces chartes avec d'autres chartes absolument de la même époque.... la frangibilité de la cire des empreintes, que le moindre contact faisait tomber en poudre, par suite de la vétusté ; puis, ce que j'appellerai les preuves morales, c'est-à-dire la connaissance très étendue des suzerainetés et vassalités, la connaissance des noms des sei-

---

[1] Plusieurs d'entre eux répétaient les mêmes noms, à propos de divers emprunts contractés à différentes époques.

[2] Monsieur Lacabane n'ignorait pas, pour en avoir sans doute reçu la confidence de M. Courtois, l'origine de la collection ; ce n'est que, vers 1875, qu'il laissa percer légèrement le voile qui avait masqué jusqu'à ce jour un secret de famille. Comment le fond Courtois avait-il été enlevé, volé peut-être, à la banque de Gênes (certainement de 1793 à 1796 par des soldats de l'armée d'Italie, sous les ordres de Masséna ou de Bonaparte) ? C'était une question que, pour des motifs de famille, Monsieur Courtois tenait, nous a-t-on affirmé, à ne pas éclaircir. Il se crut même tenu, par une délicatesse qui se comprend, à renoncer à faire le moindre profit en vendant ces titres lorsqu'ils furent reconnus authentiques ; il en fit don à Monsieur Letellier.

gneurs et des fiefs, des rapports de parenté, de la situation et des
relations de familles entre elles et avec le pays dont elles sortaient,
les tournures d'expression, l'*orthographe*, même fautive et les idio-
tisme du temps, tout s'accordait pour attester leur authenticité. »

Aussitôt que la collection lui avait apparue incontestablement authentique, Mʳ Lacabane, s'était mis en rapport par
l'ordre du roi, avec les archéologues étrangers et notamment
avec M. Constant Gazzera, paléologue consommé, directeur
de la bibliothèque royale de Turin. Des recherches minutieuses
furent faites à Gênes et dans toute l'Italie septentrionale, au
sujet de la banque de Saint-Georges. M. Gazzera se déplaça
même et vint à Paris pour conférer avec M. Lacabane et
tous les érudits de cette époque. Voici, en partie, le résultat des
discussions longues et consciencieuses, s'il en fut jamais, qui
eurent lieu à ce sujet et que nous extrayons d'une brochure
en italien, publiée, en février 1844, par le savant bibliothécaire
de Turin déjà nommé ; à vrai dire, sa brochure n'était qu'une
reproduction de son rapport au roi Charles-Emmanuel :

Examen d'anciens titres concernant des seigneurs piémontais
qui, étant au service du comte Amédée, firent partie de la
Vᵉ croisade.

« La découverte d'une si grande quantité de documents rares et
précieux (ils sont au nombre d'environ deux mille), l'absence de tout
indice qui put faire supposer qu'ils avaient été précédemment connus; l'opportunité de la découverte ou la coïncidence de leur mise
au jour, avec la création du musée de Versailles, qui devait leur
donner le prix de l'or ; le manque de renseignements sur les causes
et les circonstances de la conservation des titres qui, depuis longtemps avaient perdu toute valeur commerciale ; enfin le refus d'en
produire la nomenclature originale italienne et d'en indiquer la pro-
venance, ce sont là, il faut le reconnaitre, autant de considérations
dont chacune, prise isolément, était impuissante à faire considérer
ces titres comme apocryphes, mais dont la réunion autorisait à éle-
ver des doutes sérieux sur leur authenticité.

Désireux d'arriver à la découverte de la vérité, j'eus recours à la
doctrine et à l'obligeance de M. Lacabane, ancien élève de l'École

des chartes.... placé à la Bibliothèque royale, à la tête du Cabinet des titres..... M. Lacabane s'étant ainsi trouvé dans le cas d'examiner ces titres à loisir et un à un, et de les soumettre à l'investigation rigoureuse de la critique historique et diplomatique, son avis leur fut toujours favorable. Et cependant, bien que l'autorité d'un homme aussi distingué et la force de ses arguments en faveur des parchemins génois eussent presque totalement dissipé mes doutes, ils ne disparurent entièrement que lorsque, grâce à M. Lacabane, je fus mis à même de pouvoir, tout à mon aise visiter, examiner et étudier ces parchemins.

Il est impossible, en effet, pour peu qu'on ait des connaissances pratiques en matière d'anciens titres, de ne point renoncer à toute espèce de doute en présence de ces vénérables reliques dont les caractères de vétusté et les traces non équivoques du temps sont tels, que l'esprit le plus scrupuleux est obligé de se rendre à l'évidence de la vérité.

Les parchemins sont vieux et usés; l'écriture est contemporaine des faits qu'ils mentionnent. Une partie de ces pièces a été manifestement détachée d'un grand livre et, encore aujourd'hui, on lit transversalement et en caractères du treizième siècle, le nom de la maison de banque qui les avait expédiées, des Lascari, par exemple, famille génoise fort connue[1], au dos une cote, d'une écriture plus moderne, indique les noms des marchands, auxquels ces titres appartenaient, par exemple, ceux des associés Beccini et Guizzardo. On en saurait non plus méconnaître les autres caractères d'authenticité qui sont mis en évidence par l'étude consciencieuse des faits, des lieux, des temps, des personnes, des pratiques, des usages, etc..., circonstances qui concordent toutes parfaitement entre elles, et avec l'histoire dont elles forment souvent le complément nécessaire. Identité des personnages qui y figurent et qui paraissent et agissent toujours dans les lieux où ils ont dû se trouver en effet, exactitude dans les dates, dans les détails géographiques; allusions précises et certaines à des faits contemporains et antérieurs; c'est par de telles critiques et d'autres encore que les précieux titres de croisade sont sortis victorieux. . . . .

Outre les pièces concernant la France, qui sont les plus importantes, il y en a d'autres qui regardent des chevaliers espagnols et

[1] A la fin de cet article, nous mentionnons une découverte faite par M. Jal, où l'on voit bon nombre d'armateurs, signalés dans les titres de la collection, figurer également dans un document, inconnu lors de la mise au jour de la collection Courtois.

qui sont *écrites dans la langue catalane du treizième siècle*, encore grossière, il est vrai, mais cependant déjà formée, avec son génie et son allure particulière, ainsi qu'après examen, l'ont déclaré plusieurs savants de la péninsule. . . . .

Maintenant et après tout ce qui précède on peut croire, selon moi que la sincérité et l'authenticité des pièces de la collection Courtois, *ne saurait être l'objet d'aucun doute,* quand on cherche consciencieusement la vérité. En effet, en présence d'un si grand nombre de titres, *relatifs à des pays différents,* à tant de familles dont beaucoup sont éteintes ou pauvres et obscures, au milieu de la grande variété de faits, de dates, de lieux, de personnes et de choses qui y sont mentionnées, *il faudrait un bien plus grand effort d'imagination pour* supposer que ces titres sont faux et apocryphes, que pour les admettre comme véritables et sincères. Telle est, en effet, la somme d'érudition et *de notions de toute espèce* en matière d'histoire, de langue, de généalogie, de faits secrets et presque ignorés et dont la connaissance ne saurait être que le résultat de longues recherches, de pénibles confrontations de livres, de manuscrits, de diplômes enfouis dans la poussière des archives; telle est encore la consommation inconcevable de temps et la supériorité dans l'art d'une calligraphie[1], *particulière à chaque pièce,* qu'il eût fallu pour créer tous les documents en question, s'ils n'eussent pas existé qu'un homme possédant autant d'érudition et de talent et des qualités si multiples, eût pu les employer bien plus utilement, bien plus aisément pour lui, de toute autre manière, que dans la fabrication d'un aussi grand nombre de pièces, dont la valeur présumable était fort au-dessous du travail qu'une semblable fabrication aurait exigé.»

Par excès de conscience, M. Gazzera a cru pourtant devoir ajouter les quelques lignes qui suivent, sous l'influence de violentes attaques d'un nommé Reiffemberg, baron |belge, nullement savant, mais simplement haineux et jaloux :

« Au surplus, je n'entends nullement me rendre garant du petit nombre de fabrications dont ces titres génois pourraient, après coup, avoir été l'objet, quand on sut le haut prix auquel furent achetés ces documents, en raison du droit qu'ils conféraient pour ainsi dire aux

---

[1] Et M. Gazzera oublie encore de parler de la confection des sceaux et de la cire qui se réduit en poussière au toucher.

acquéreurs, d'être placés dans les salles des croisades du musée de Versailles. On doit même dire que plusieurs de ces chartes, concernant la Belgique, ont été signalées, par le savant baron de Reiffenberg[1], comme ayant été falsifiées ; je ferai observer toutefois que, *s'il existe de pareils titres*, ou s'ils sont en petit nombre, *ils auraient dû être immédiatement reconnus* pour apocryphes, quand on a vu et examiné tous les documents authentiques et inattaquables de la collection Courtois. »

.·.

La nature de l'homme le porte d'une part à croire au mal, de l'autre à se réjouir des blessures que peut recevoir l'amour-propre du prochain, triste disposition, dit M. de Blancmesnil, que souvent vient encore envenimer l'envie. Tout naturellement le public, et en particulier les nobles dont les noms ne figuraient pas dans la liste des croisés, accueillirent volontiers les accusations de *honteuse cupidité*, lancées contre M. Letellier, vendeur des titres, et espéra la déconvenue de ceux qui se trouvaient favorisés.

Mais, une supposition outrageante pour M. Letellier et même pour M. Courtois, ne pouvait suffire à entraîner leur condamnation et les esprits honnêtes et investigateurs, les savants archéologues de ce temps, ne voulurent pas, avec raison, porter un jugement contre la collection, sans de fortes preuves.

On soumit donc les titres en question à toutes les épreuves. Ils furent examinés avec soin par les hommes les plus compétents. Des graveurs, des calligraphes, des archivistes, tous

---

[1] Si nous remontons à la source de ces attaques du baron Reiffenberg, nous ne trouvons qu'un article *anonyme* de quelques lignes, imprimé dans le bulletin de la Commission royale d'histoire de Belgique. Aucune preuve n'est donnée par ledit baron, tout consiste dans des déclamations vagues et futiles sur la mauvaise foi des gens qu'il accuse, sans les nommer, « de tenir boutique de faux titres ». On sent à chaque ligne la colère et la jalousie. Il est fâcheux que, par scrupule, Gazzera ait pris au sérieux une pareille élucubration.

ceux qui pouvaient aider à découvrir une fraude, furent
appelés à faire un examen approfondi des chartes. M. Lacabane, avec une obligeance qui n'avait d'égale que son désir de faire la lumière complète, ne se refusa à aucune expertise émanant de l'initiative privée des familles. Pendant
plusieurs mois, on y mit une ardeur, un acharnement in-
croyable, les uns par amour de la vérité, les autres par amour
de la science, d'autres enfin, mus par un sentiment moins.
généreux, la jalousie; après une très longue expertise, les
titres Courtois furent reconnus authentiques par les sciences
diplomatique, paléographique et sphragistique.

La collection Courtois résista donc à toutes les investigations,
à toutes les attaques. Aucun titre, aucune écriture, aucun sceau
ne purent être même soupçonnés de fabrication frauduleuse.
Les archéologues, les paléographes sont unanimes à reconnaître qu'on ne peut contrefaire des sceaux. L'authenticité
paraissait donc constatée dans ses caractères intrinsèques,
lorsque s'élevèrent des objections sur les caractères extrin-
sèques des pièces; une seulement de ces objections était véritablement sérieuse; c'est celle que fit M. Lainé, le savant
généalogiste, en prenant pour base une étude de probabilités
d'extinction des familles, que nous examinerons très longuement ci-après, bien que cette étude repose sur des analogies
statistiques, calculs dont on sait universellement l'inanité.

Il est évident que, si l'on reconnaît (et il est impossible de
le nier, comme on le verra), qu'un ou plusieurs titres de la
collection Courtois sont vrais, il faudra admettre que tous
peuvent l'être, car il n'y a aucune raison pour que la collection
comprenne plus ou moins de titres.

Examinons d'abord les objections.

PREMIÈRE OBJECTION.

Les titres de la collection ne formaient pas une seule masse. Les faussaires ont trouvé et rassemblé, dans un court espace de temps, des titres authentiques, en se les faisant céder n'importe par quel moyen, les achetant à vil prix, là où c'était possible, les dérobant peut-être (l'on peut tout supposer de pareils gens), afin de former une collection considérable, sûr qu'on était d'en tirer un grand prix. A ceux-là, qui sont vrais, on aurait ajouté des titres apocryphes, espérant faire passer les uns sous le couvert des autres.

Réponse. — Admettons un moment que ce fait ait pu se produire ; quelles en seraient les conséquences ?

Alors, les titres réunis ou volés de tous côtés, se présenteront sous les formes les plus diverses, ce qui n'est pas le cas de la collection Courtois ; alors les titres n'auront plus la même cause, des emprunts ; or les titres Courtois sont tous des opérations financières.

En outre, comment ces faussaires spéculateurs auraient-ils pu corrompre des familles, des bibliothécaires, des archivistes, sans que rien n'ait transpiré ? Comment ces exploiteurs, qui prétendent faire passer tous ces titres pour être réunis dans une même liasse, depuis des siècles, auraient-ils pu se flatter qu'aucun des derniers détenteurs, à qui ils auraient soustrait ou acheté des papiers authentiques, aucun de ceux qui auraient pu voir ces titres, soit dans les familles, soit dans les archives ou dépôts publics, ne viendrait révéler, et démasquer leur manœuvre indigne ? Des faussaires pouvaient-ils raisonnablement espérer qu'un secret, à la merci de tant de personnes, un secret que l'honnêteté, le désir de faire parler de soi, et surtout l'envie menaçaient à ce point, serait fidèlement gardé ?

Il serait absurde de supposer que des gens si habiles, si intelligents, soient à ce point naïfs.

Enfin, si les faussaires savaient fabriquer des titres avec une telle perfection, pourquoi se seraient-ils exposé imprudemment à faire découvrir leur fraude en cherchant à se procurer des titres authentiques dont la comparaison devait être dangereuse ?

En résumé, les papiers de la collection Courtois n'étant nullement bigarrés, présentant le même caractère, les mêmes circonstances, les mêmes motifs, n'ont pu être rassemblés de toute part, mais ils formaient bien une masse compacte : premier point démontré.

A la rigueur, nous ne pouvons prétendre qu'il soit impossible que deux ou trois titres, authentiques ou non, ayant, par *hasard*, trait à des emprunts, ne se soient glissés, au début dans la collection, (certainement à l'insu de MM. Courtois et Letellier, car pour quel motif les soupçonnerait-on d'imposture). Mais alors qu'on veuille bien nous les signaler, car on ne l'a pas fait jusqu'à ce jour, pas plus en 1844 qu'aujourd'hui. Qu'on déclare par quoi ils pèchent ; qu'on nous dise s'ils sont *vrais* ou *faux*.

A vrai dire cette déclaration n'a point été faite et ne le sera pas, nous en sommes convaincus et les détracteurs de la collection Courtois resteront dans leurs récriminations vagues.

DEUXIÈME OBJECTION.

Une fois la collection remise à M. Lacabane, qui nous dit que ce dernier, ou d'autres personnes, n'ont pas ajouté des titres. Qui nous dit que M. Lacabane a pris toutes les précautions voulues contre les adjonctions de pièces ?

Réponse. — On lit dans la *Revue historique de la Noblesse de 1884*, livraison XVI, p. 227, que M. Lacabane, « avait exigé, dès le début, que la collection lui fut remise tout entière, afin de dresser un catalogue général des titres et des noms propres qui s'y trouvaient mentionnés et de prévenir ainsi toute addition ultérieure et toute altération.[1] »

Du reste, cette liste des noms fut plusieurs fois publiée par Borel d'Hauterive.

La collection, par le fait de cette publicité, reçut donc des limites infranchissables, ne permettant l'intrusion d'aucun titre étranger, en sorte qu'il y a solidarité entre ces pièces ; elles doivent toutes être considérées ou comme vraies ou comme fausses.

Créer des titres faux n'est point chose aussi facile, dans la circonstance, qu'on peut le supposer. Mêler des titres fabriqués avec de vrais titres, était une entreprise pleine de périls ; n'en voit-on pas la difficulté inouïe : il fallait que les faussaires créassent, non des fac-simile, mais des originaux, des sceaux pouvant être comparés à des sceaux similaires, avec de la cire ayant les caractères connus de vétusté[2]. Ne voit-on pas l'inconvénient de mettre en présence le vrai et le faux, opération *toujours fatale* à ce qui est apocryphe ? Les faussaires, dans le grand nombre des titres, ne pouvaient pas connaître toutes les familles qu'ils citaient. Ils s'exposaient à des anachronismes, à des erreurs matérielles formidables, qui les auraient trahis. Pouvaient-ils savoir, d'une façon générale, quel était le suzerain de chaque personnage qu'ils citaient ? S'il y avait quatre à cinq noms sur une pièce, le sceau devait être celui du plus qualifié d'entre eux ; comment les fabricants auraient-ils pu deviner cela ? Et cependant aucune erreur n'a jamais été signalée à ce sujet !

[1] On trouvera à la Bibliothèque nationale, à Paris, quatre volumes in-4°, des copies faites alors des titres Courtois : manuscrit latin, 17803, 17803A, 17803B. Elles ne sont communiquées que sur l'autorisation de M. L. Delisle.

[2] Dans les 200 titres utilisés, il y a 37 sceaux appartenant à des familles existantes et inscrites à Versailles.

Il y a des sceaux de familles vivantes, différant absolument des armes actuelles armes que les faussaires eussent facilement trouvés dans l'armorial général, à la bibliothèque Richelieu. Des faussaires, surtout aussi habiles, auraient-ils agi de la sorte ?

Et l'histoire, il fallait encore ne pas la choquer et elle ne l'a pas été en effet. Il appartient, du reste, à nos contradicteurs, de signaler les erreurs qu'ils ont pu relever, car elles ont échappé aux investigateurs de 1840 et de 1844.

TROISIÈME OBJECTION.

M. Lacabane était-il compétent, avait-il, des moyens sérieux de contrôler, n'était-il pas un complaisant qui n'aurait pu résister à certaines demandes, appuyées par de hautes influences ? Enfin ne voit-on pas que la découverte de ces titres n'est qu'une entreprise financière habilement combinée?

Réponse. — Tout ce qui figurait dignement et avec un caractère d'authenticité glorieuse, dans la [grande] galerie de Versailles, ne pouvait être entouré d'un cortège apocryphe, n'ayant d'autre valeur que l'illusion d'un mensonge officiel[1].

Aussi le roi Louis-Philippe, lui-même très au courant des recherches historiques et nobiliaires, confia-t-il à des hommes « dont l'honnêteté était égale à la science, à la pénétration et remplissant les conditions qui les rendaient dignes de leur mission », le soin d'examiner, de choisir, d'ordonner les matériaux destinés à compléter la grande œuvre du monument des croisades. En outre, qu'on veuille bien se reporter à la page 213, pour y voir quelle était la situation de M. Lacabane!

Plusieurs archéologues français et étrangers, plusieurs historiens, des graveurs, même des chimistes (pour l'étude des sceaux), eurent la mission de faire des expertises. Mais le savant éminent, auquel fut remise l'étude de la partie héraldique et diplomatique, était, nous l'avons dit, M. Lacabane. Il donna, dans cette délicate position, des preuves non équivoques de sa grande impartialité : « par la fermeté inébranlable avec laquelle il sut résister aux prétentions

[1] Blancmesnil p. 83.

de quelques-unes des plus antiques et des plus illustres familles[1] (dont plusieurs occupaient de très hautes situations), quand sa science ne lui permettait pas d'admettre comme s'appliquant à eux les titres de croisades qu'elles s'attribuaient[2]. » Du reste, soupçonner le directeur de l'École des chartes de complaisance ou de cupidité, ce serait adresser le même reproche à l'abbé Guzzera et à tous les savants qui ont contribué à l'édification du monument des croisades.

C'était donc, devant des hommes d'un si haut savoir, d'une telle sagacité, d'une telle expérience et d'une honnêteté si universellement reconnue que M. Letellier eut à présenter sa collection de titres, provenant de marchands étrangers.

Quelle impudence audacieuse, s'écrie M. de Blancmesnil, on en conviendra, si tous ces titres sont faux ! Quelle étrange imagination que cette armée de chevaliers surgissant d'un mystérieux dossier ! La critique officielle n'était pas le seul écueil que cette collection eut à braver. L'égoïsme de la vanité satisfaite et l'envie, ne pouvaient-ils pas tenter, eux aussi de semer le doute et le mépris sur ces titres... ? Les maisons qui avaient déjà leurs places fixées dans ce sanctuaire de la noblesse antique ne pouvaient en effet désirer voir s'étendre ce privilège, jusque-là restreint à elles seules et à quelques maisons éteintes.

Les faussaires ne devaient pas non plus se dissimuler qu'une grande hostilité se manifesterait contre toute cette « pacotille financière ». Ils devaient également prévoir qu'ils auraient à lutter contre l'ironie, les épigrammes, mais bien plus encore, contre les chartes, les sceaux, les preuves de noblesse, les actes féodaux des archives de l'Etat et des familles « qui offraient un contrôle des plus redoutables, comme points

---

[1] Nous pourrions citer, entre autres, une illustre Maison bretonne qui dut lutter longtemps avant d'obtenir que le titre qu'elle présentait fût reconnu authentique. Ce n'est qu'après des contre-expertises et malgré M. Lacabane, dit-on, que l'inscription des Rohan eut lieu à Versailles.

[2] Blancmesnil, p. 86.

de comparaison ou de repère, comme types, comme rapports de famille, enfin comme documents de tout genre.... Dans une telle masse de titres, dans un tel nombre de sceaux que d'occasions de faiblir, de laisser percer le mensonge, surtout devant tant d'éléments de vérification et une vigilance *si excitée et si âpre.*

On devine quel était le mobile des prétendus faussaires ; évidemment c'était le gain.

Mais alorsque de choses ils ont faites, qu'ils n'auraient pas dû faire, dans leur propre intérêt pour échapper à la découverte de leur imposture ! par exemple :

1° Pourquoi des sceaux ? La plus grande partie des titres Courtois n'en ont pas et ils ont été admis comme authentiques, absolument comme ceux qui en ont. Il était si naturel de croire, qu'après six siècles, les sceaux avaient disparu ! Une charte n'a pas besoin de son sceau pour être authentique ; et alors pourquoi ces sceaux qui multipliaient gratuitement les mauvaises chances de la collection. Et quelle dépense pour les confectionner, quelles recherches, quels déplacements onéreux ! Il eut fallu un atelier caché, des types, des empreintes originales et nombreuses pour « pénétrer, pour saisir et reproduire, dans le secret, par une analogie défiant le soupçon, ce style si particulier, si difficile à surprendre par sa simplicité même et pour parvenir à une imitation complète de ce qu'il y a de plus inimitable : l'ingénuité de l'œuvre ».

Or, les 2,000 titres de la collection renferment, contrairement à l'intérêt des faussaires prétendus, un grand nombre de sceaux dont quelques-uns de princes souverains. Ce dernier détail est important, car il fut facile, dès le premier abord, de confronter ces sceaux avec ceux déjà existants des mêmes personnages. La similitude était absolument parfaite/à tel point qu'un graveur qui les aurait imités ainsi, dans toutes leurs perfections ou imperfections, eût été un artiste d'un incomparable talent, d'une habileté extraordinaire. Quant à la cire, le temps seul peut lui donner le cachet d'antiquité voulu.

Nous le répétons donc, fabriquer des sceaux, fussent-ils admirablement faits... « donnait une large prise à la découverte de la fraude, au moment inévitable d'un examen savant, rigoureux *et armé de nombreux et redoutables instruments de contrôle.* »

Il suffit de jeter un coup d'œil sur les sceaux reproduits en gravure, avec un soin infini, par dom Morice, dans son histoire de Bretagne (Paris 1742), pour se convaincre de la difficulté qu'eussent rencontré les faussaires ; car, malgré les moyens que les éditeurs du savant bénédictin possédaient, si la disposition générale des copies est exacte, le détail est loin de l'être : on y trouve en effet des écus renflés à la base, des fleurs de lys du XIV⁰ siècle, renflées exactement comme celles du XVII⁰ ; les lions, les merlettes, les aigles, etc... ont des allures, une physionomie absolument différente de celles du XIII⁰ siècle, comme le fait remarquer M. de la Bigne-Villeneuve dans son *Dictionnaire héraldique.* Enfin, il y a des familles de province, obscures et absolument ignorées, qui ont produit des sceaux qu'elles étaient seules à posséder, lesquels, confrontés avec ceux de la collection Courtois n'ont laissé aucun doute sur leur similitude parfaite. Où les faussaires avaient-il donc trouvé ces sceaux, jusqu'alors ignorés ?

2⁰ Pourquoi les faussaires auraient-ils réuni dans un seul titre, parfois, jusqu'à dix noms de familles existantes, alors que chaque titre ne peut se vendre qu'à une seule ? Sans doute il y aurait concurrence ? Mais dix titres eussent rapporté bien davantage !

3⁰ Pourquoi des titres, avec sceaux, relatifs à des familles très notoirement éteintes ? Le faussaire, que nous avons vu si merveilleusement au courant de tout ce qui concerne la noblesse, ne pouvait ignorer ces extinctions ; c'est donc volontairement qu'il aurait perdu sa peine ?

Nous pourrions faire bien d'autres remarques, avec M. de

Blancmesnil, qui a traité fort judicieusement cette question.
pourtant en voilà assez, croyons-nous, pour démontrer que les
faussaires, d'une habileté admirable, doués d'une connaissance
incomparable des questions féodales et des archives de famille,
enfin d'un talent artistique qui leur a permis d'imiter avec une
perfection surprenante la gravure, jusqu'à la cire des anciens
sceaux, en voilà assez dis-je pour démontrer que ces impos-
teurs si intelligents auraient manqué, dans leur manœuvre
frauduleuse, de la plus élémentaire prudence et violé les
calculs les plus naïfs, en faisant tout ce que leur intérêt le
plus évident leur prescrivait impérieusement de ne pas faire
et bien plus, en faisant ce que la cupidité, dont on les accuse,
leur interdisait évidemment.

Du reste, qu'est-il arrivé en réalité ? Qu'une partie très
faible, environ deux cents titres sur deux mille, ont été vendus,
(et même un certain nombre d'entre ces deux cents ont été
donnés gratuitement). Aussi l'immense majorité des titres,
soit 1800 environ, est restée improductive. N'est-ce pas
concluant ? N'est-il pas évident que la collection aurait coûté
à confectionner, cent fois plus cher qu'elle n'a rapporté.

Ainsi, après avoir indiqué que les titres, à la suite de la plus
minutieuse expertise, ont été reconnus authentiques, par tout
ce que la France, l'Italie, l'Espagne possèdent de plus illustre et
de plus compétent, nous venons en outre de prouver, croyons-
nous, combien il était difficile, impossible même à des faussaires, de réunir les conditions si multiples qui eussent été
nécessaires pour confectionner des pièces, des sceaux, pour
ne violer ni l'histoire, ni les généalogies des familles, pour
être logiques avec eux-mêmes, en ménageant leur intérêt
financier, et en prenant les précautions voulues pour mas-
quer leur imposture.

Une des plus grandes difficultés qui se présentait aux faussaires était l'orthographe des noms. On me dit que quelqu'un a
prétendu récemment que cette orthographe trahissait la collection Courtois. M. Lacabane et tous les savants de tous les pays

qui ont examiné ces titres n'ont point été autrefois de cet avis
et ils ont estimé, tout au contraire, que l'orthographe des
chartes en question (bien que l'habitude de latiniser capri-
cieusement les noms, surtout ceux de fiefs, produise d'innombrables irrégularités) fournit une démonstration manifeste en
faveur des titres précités. Est-ce faux ? Voyons ! les savants
d'hier, sont-ils déclarés, par ceux d'aujourd'hui, des ignorants,
des intriguants, des hommes susceptibles en grand nombre
d'imposture ? Nous demandons à ceux qui estiment que
M. Lacabane a failli, de ne pas se contenter d'une affirmation
vague, bien mieux, nous les engageons vivement à concourir
pour le prix Bourdin !

En résumé, les détracteurs des chartes Courtois n'ont point
fait connaître, croyons-nous, les noms qu'ils prétendent ortho-
graphiés, *comme on le faisait au XVIe siècle.* En attendant
leur critique, nous allons donner un exemple frappant, qui
démontre d'une façon péremptoire que l'orthographe de la collection est correcte et n'a pu être imaginée par des faussaires.

Un titre Courtois, de 1194, concernant la famille d'Agnens,
originaire de la Suisse, commence ainsi : « Universis presentes... notum facio quod Franciscus dasnens armiger, etc. »

M. Lacabane, en 1843, estima que dasnens ne s'identifiait
pas absolument avec le nom de la famille d'Agnens de Delley.
En effet, dans tout ce qui était connu, à cette époque, sur la
maison d'Agnens (titres originaux ou imprimés), on peut lire,
au XIIIe siècle, Assnens, de Anens, de Annens, dannens, mais
jamais dasnens, comme les prétendus faussaires l'avaient
écrit. En conséquence, les armes d'Agnens de Delley ne furent
point inscrites à Versailles.

Pourquoi donc ceux qui avaient fabriqué les titres avaient-
ils écrit ce nom d'une façon différente de ce que l'on connaissait jusqu'alors ? C'était contraire à leur intérêt. Ou cette
variante était puérile, ou elle avait sa raison d'être.

Or, précisément, quatre ans après l'apparition de la collection Courtois, c'est-à-dire en 1844, la première livraison d'un

ouvrage intitulé « Monuments de l'histoire de Neufchâtel »,
ut publié aux frais du roi de Prusse, Frédéric-Guillaume III,
chez Matèle, à Neufchâtel, et la famille de Delley d'Agnens
y découvrit :

1° Dans une charte de 1149, Gislamarus de Asnens (page 11).

2° Dans un partage de 1215, trois sœurs de Asnens (p. 59).

3° Dans une charte de 1268, Pierre de Asnens (page 139).

Bien mieux ! En 1851 fut publié le Cartulaire de Lausanne,
où se trouve cité (p. 305) Reinaldus dasnens, en 1224 ; le nom est
écrit absolument comme dans le titre Courtois.

On voit donc que l'orthographe non usitée *était vraie* et que
e titre Courtois ne pouvait avoir été fabriqué. Les d'Agnens
furent donc inscrits plus tard à Versailles.

DEUXIÈME PARTIE

LA GRANDE OBJECTION (4° OBJECTION).

La seule objection, vraiment sérieuse et qui demande une
étude approfondie, fut soulevée par le célèbre généalogiste
Lainé, homme d'une sagacité, d'un zèle, d'une habileté surpre-
nants. Il s'était donné la mission de discuter à fond les titres
de croisade, mission qu'il remplit, on le verra, avec une ardente
passion et une science admirable, nous nous faisons un devoir
de le reconnaître.

Ses observations ne portent pas sur la confection des
chartes ni des sceaux, qui lui semble inattaquable, il l'a souvent
reconnu, *mais sur des arguments de bon sens*, fournis par
des statistiques.

Les calculs de statistique ! Il faut toujours s'en méfier. Ils
vous conduisent souvent à des solutions stupides. Jamais, en
tout cas, on ne peut les compter comme probants. Et, en effet,
les conditions et les milieux se modifiant souvent, les objets
sur lesquels leur influence s'exerce ne permettent pas aux

chiffres de présenter la régularité périodique dont en peut se prévaloir pour faire un élément décisif, qu'on prendrait comme axiome, et sur lequel on édifierait des théories. Mais, enfin, l'objection a été faite par Lainé ; on l'a trouvée sérieuse. Eh bien ! étudions et discutons.

Lainé prenait pour base de ses critiques un fait de statistique considéré par lui, comme démontré, à savoir que la proportion des extinctions des familles, dans la pairie anglaise, serait de : une famille existant encore, sur cent qui vivaient au treizième siècle.

Or, on remarquera que la proportion des familles françaises existantes, en 1840, que l'on trouve dans la collection Courtois, est bien supérieure à un pour cent, relativement aux familles qui se sont éteintes, puisque elle monte à un dixième.

En d'autres termes, sur dix-huit cents familles *françaises* du temps de Philippe-Auguste, relatées dans ladite collection, on en trouve environ cent quatre-vingts existantes de nos jours, et portées à la salle des croisades, alors que, d'après le calcul fait en Angleterre, il ne devrait plus en exister en tout que dix-huit.

La proportion énorme, anormale, de familles existantes dans la collection Courtois est, d'après Lainé, hors de toute donnée possible. Telle est l'objection principale de Lainé et nous devons reconnaître qu'elle est des plus impressionnantes, à première vue.

Or, à cela M. de Blancmesnil a répondu, autrefois : « Cette loi des extinctions est encore peu connue, parce que d'un côté, les éléments pour la déterminer font défaut, en grande partie et que, de l'autre, quand bien même ces éléments existeraient, il faudrait, pour parvenir à constater les faits avec précision, se procurer des renseignements innombrables, partant de très loin, puisés à une infinité de sources ».

Ces éléments n'existent pas ; personne ne peut se vanter de connaître toutes les familles nobles, ni prétendre décider sans appel que des maisons sont éteintes, dans toutes leurs branches ou qu'elles existent? Lainé, qui a travaillé toute sa vie à des généalogies et dont la science, au point de vue des recherches, n'a pas été surpassée jusqu'à ce jour, a commis lui-même, néanmoins de grossières erreurs, dont nous relèverons quelques-unes plus loin.

Qui donc, dès lors, pourrait se flatter d'établir une loi d'extinction? Et en effet, ce n'est, que vers le milieu du XVI⁰ siècle que le clergé a commencé à tenir des actes de baptême, de mariage, de décès. Il serait probablement possible, à partir de cette époque, jusqu'à nos jours, d'entreprendre un travail qui arriverait, sans doute, à trouver approximativement une moyenne vraie d'extinction des familles en France. Mais, vouloir l'établir, avant, le XVI⁰ siècle, vouloir l'établir, de 1240 à 1840, c'est évidemment une tentative condamnée par avance. Et du reste, combien sont nombreuses les maisons qui, ayant abandonné leur nom patronymique, ont pris, suivant les circonstances et dans l'une de leurs branches, un nom de seigneurie, sans que pour cela la race primitive soit éteinte! Dans un semblable calcul, comment tiendra-t-on compte de ce dernier fait? Je citerais en outre d'innombrables exemples de frères, ne portant que les noms de leurs seigneuries, l'aîné seul conservant le nom patronymique. On voit donc qu'une maison peut paraître éteinte, tandis qu'elle ne l'est pas.

Ceux qui ont étudié l'histoire généalogique des familles savent outre qu'un nom s'écrit parfois de vingt ou de trente manières différentes et se corrompt souvent d'une telle façon qu'il est impossible de reconnaître le vrai nom.

Le général de Saint-Priest a écrit que, sur 350 familles anglaises, élevées à la pairie, dès l'an 1300, il a constaté que 50 seulement ont dépassé 8 générations et que, sur ces 50 maisons, il n'en reste plus que deux ou trois de nos jours, lesquelles comptent 20 et même 25 générations.

Nous dirons d'abord que le péerage semble démentir cette assertion; ensuite, comment peut-on baser une loi quelconque en considérant le sort de 350 familles anglaises et l'appliquer aux 40 ou 50 mille maisons françaises dont se composait la noblesse aux XII° et XIII° siècles !

Le raisonnement pèche donc par sa base, bien que Lainé, au lieu d'admettre la proportion de un pour cent, adopte maintenant d'emblée, comme exacte, celle *de quatre pour cent*, ce qui porte à 72 le nombre probable des familles françaises dont les noms pourraient, à bon droit, figurer dans les salles des croisades, sur les 1800 noms français qui composaient la collection.

En outre, le calcul du général de Saint-Priest était également faux en cela que, parce qu'une pairie sort d'une famille anglaise, *il ne s'ensuit pas que la famille soit éteinte ;* la branche seule à qui appartenait la pairie devait l'être. En effet, les souverains d'Angleterre ne se sont jamais crus obligés, quand une branche s'éteignait, de conférer la pairie à une branche collatérale ; en outre, les femmes pouvant être pairesses, transportent, par mariage, les pairies dont elles ont hérité, à d'autres familles, avec l'agrément du trône. Voilà donc déjà des erreurs fondamentales.

Voyons maintenant si le reproche de violer la prétendue loi des extinctions frappe la collection Courtois plus que d'autres pièces analogues. Voyons si d'autres titres français *authentiques,* ne violent pas non plus le principe du quart posé par Lainé. Avant la découverte des titres Courtois, une grande salle du palais de Versailles, nous l'avons dit, avait été consacrée à l'inscription de tous les croisés dont les chroniques anciennes et des sources authentiques, *autres que celles qui nous occupent,* avaient révélé le nom.

Que voyons-nous dans cette salle n'ayant aucune attache avec les parchemins Courtois ? M. Borel d'Hauterive, archiviste paléologue, successeur de M. de Courcelles, et généalogiste des rois Louis XVIII, Charles X, plus tard avocat à la cour de Paris, va nous le dire :

« On divisa les écussons en deux séries. Ceux de la première furent rangés, comme à une place d'honneur, sur les piliers qui partagent la salle transversalement. On les réserva pour les noms et les armes des princes souverains ou des seigneurs les plus puissants et les plus illustres. *Cette série renferme 74 écussons*, appartenant à *une cinquantaine* de familles dont *4 ou 5 seulement existent encore.*

L'autre série, placée sur les frises, contient *242 écussons* dont *une cinquantaine* portent le nom et les armes de familles encore existantes. »

Ainsi, dans le premier cas que nous citons, c'est environ un dixième de familles existantes[1] et, dans le deuxième cas, c'est beaucoup plus, car c'est uncinquième de familles existantes !

Voilà qui est fait pour étonner les détracteurs de la collection Courtois et ceux qui fondent leurs arguments sur la loi d'extinction ! Ainsi, la collection Courtois se trouve dans de meilleures conditions, relativement aux extinctions, que les titres (qu'on ne songe pas à critiquer), ayant servi à la décoration de la grande salle, puisque les familles existantes ne figurent que pour un dizième, dans cette collection si vivement attaquée.

Mais ne nous attardons pas à ces comparaisons et remettons deux anciens adversaires en présence :

Voici ce que disait, en 1844, M. Lainé, paroles qui empruntent à la notoriété d'honnêteté et de savoir de leur auteur, une autorité incontestable :

. . . .

« A peine la salle des croisades était-elle terminée, dit Lainé[2], qu'il surgit une foule de demandes d'admission, fondées sur des titres originaux provenant d'une collection unique en ce genre. Ce fut pour un grand nombre de familles une bonne fortune que cette découverte d'actes des 12ᵉ et 13ᵉ siècles, attestant la présence de

[1] *Annuaire de la noblesse de France*, par Borel d'Hauterive, année 1844, II, p. 328. — Compte rendu des travaux faits à la grande salle des croisades.
[2] *Archives de la noblesse de France*, t. ix, p. 15. — Revue des salles des croisades.

leurs ancêtres aux croisades. Ces titres concernent généralement des emprunts contractés par des croisés, envers des banquiers et des juifs d'Italie, qui avaient suivi en Orient les expéditions chrétiennes. L'emprunteur y est ordinairement assisté de deux témoins. Quelquefois, les emprunts faits collectivement par plusieurs gentilshommes et toujours sous la garantie de quelque seigneur puissant, garantie qu'on s'obligeait à apporter aux prêteurs, pour retirer la dernière portion de la somme empruntée.

La découverte de ces titres a soulevé bien des questions et, dans les demandes d'éclaircissements qui m'ont été faites, je n'ai pu répondre que par le témoignage de ma propre conviction. J'ai vu bon nombre de ces titres. Les uns mentionnent des noms existants d'autres des noms éteints. *Les conditions qu'ils réunissent m'ont paru parfaitement indentiques avec celles des actes du même temps les plus incontestables.*

Ce n'est pas à dire que dans la masse de ces pièces il ne s'en trouve pas quelques-unes qui puissent donner lieu à des observations. Celles que je vais soumettre me sont suggérées par le rapprochement de plusieurs de ces actes, imprimés dans la livraison (t. III) de la *Revue historique de la Noblesse* que publie M. Borel d'Hauterive. »

Lainé donne alors, *in extenso*, six titres de croisade et prétend que, sur 62 familles qui y interviennent, 42 sont vivantes, c'est-à-dire les deux tiers. Il est vrai que Lainé, au lieu de prendre une moyenne, a choisi dans la masse, on le remarquera, les six pièces qui lui ont paru les plus propres à appuyer sa thèse, pièces qu'il a trouvées, du reste, dans un article de M. Borel d'Hauterive, lequel lui-même avait cru devoir, pour attirer l'attention d'un grand nombre de familles, publier celles des chartes de la collection contenant la plus forte quantité de noms vivants.

« Ce résultat m'étonne, continue Lainé ; habitué depuis vingt-cinq ans à des recherches presque continuelles, jamais, dans les cartulaires ni dans les actes nombreux du XIIᵉ siècle que j'ai consultés, je n'ai trouvé une telle proportion de noms vivants, relativement aux noms éteints... En établissant la comparaison sur des monument sérieux, authentiques, j'ai trouvé que, sur 100 familles qui vivaient en 1200, il en existait à peine quatre de nos jours... Pour mettre cette comparaison à la portée de tout le monde, je me baseraî sur des pièces nombreuses du règne de Philippe-Auguste, imprimées dans nos principales histoires de provinces. »

Lainé prend ensuite quatre chartes, choisies dans l'histoire du Languedoc, de Bourgogne de Lorraine, de Bretagne et il note la proportion des noms existants, cités dans ces documents, par rapport aux noms éteints. Ajoutons qu'il choisit encore ici les chartes qui lui conviennent. On trouve donc :

dans les 4 chartes de Languedoc, 7 familles existantes encore, selon lui, sur 134 ;

dans les 11 chartes de Bourgogne, 2 familles existantes encore, sur 50 ;

dans les six chartes de Lorraine, 1 famille existante encore, sur 58 ;

Dans les 10 chartes de Bretagne, 2 familles existantes encore, sur 72.

Lainé ajoute :

« En totalité, ces 31 chartes donnent 314 noms, dont « 12 existent encore aujourd'hui, ce qui revient à dire que sur 100 familles du temps de Philippe-Auguste, il en reste 4 aujourd'hui.

... Il y a une foule d'autres chartes, à la suite de celles que j'ai extraites dans les mêmes ouvrages que j'ai cités, du même règne de Philippe-Auguste et toutes présentent le même résultat d'à peu près 4 familles survivantes, sur 100. »

Remarquons, en passant, que la proportion de quatre pour cent est, de rechef, reconnue comme réelle par Lainé qui, en cela, s'écarte considérablement de la proportion entre les familles vivantes et éteintes observée dans la pairie anglaise par Saint-Priest. Qu'on ne s'en étonne pas, tout raisonnement fondé sur des moyennes statistiques s'effondre à la moindre expérience. Pourtant, comme le raisonnement de Lainé fit impression, à son époque, continuons à le suivre :

M. Lainé ajoute encore qu'il ne prétend pas inférer de ces chartes, que la proportion normale de quatre sur cent, doive servir de base pour apprécier les pièces des croisades : il sait que le *hasard* produit quelquefois des rapprochements singuliers en faveur des noms vivants. Ce sont ces exemples rares qui doivent servir de pièces de comparaison avec les chartes des croisades. « Dans les recherches auxquelles je me suis livré pour éclaircir cette question, dit-il, voici la pièce, la plus favorable à ces chartes, que j'ai trouvée dans l'*Histoire du Dauphiné* par le président Valbonnais, t. I, preuves, pp. 182, 183, année 1108. »

Lainé donne ici la pièce et y compte vingt-quatre noms dont huit existants, et il la trouve très remarquable, extraordinaire même ! Il ajoute que, voir dans une pièce de cette époque un tiers de noms existants, est une exception, tandis que dans les chartes des croisades cela se rencontre communément. En outre, il note que, dans certaines chartes des croisades de la collection, on voit souvent trois et quatre noms de familles existantes se suivant ; on en lit jusqu'à sept, dans une lettre de garantie de Henri, comte de Bar ; cela lui paraît être des rencontres très *hasardeuses* dont il se mêle.

« Je sais qu'on peut répondre, continue Lainé, en considérant la charte de Valbonnais [donnée plus haut], que puisque le *hasard* a réuni huit noms vivants à seize noms éteints, il aurait bien pu donner aux premiers un agencement tel *qu'il s'en trouvât quatre de suite*, par exemple. *Mais le hasard n'en est pas prodigue, car dans les innombrables chartes que j'ai examinées, je n'en ai pas vu un seul exemple, tandis que je viens d'en citer quatre, dans les six chartes de la croisade de Philippe-Auguste.* »

En prétendant rechercher, pour ainsi dire, les lois du hasard, Lainé, semblera sans doute à beaucoup, dépasser un peu le but. On verra plus loin, en effet, qu'il se trompait. Il s'étonne aussi de trouver deux chartes, composées chacune de trois noms tous existants, mais il reconnaît pourtant *que le hasard* peut produire plusieurs fois des combinaisons entièrement identiques. Lainé termine ainsi :

« Je n'ai point d'autres observations à faire sur ces chartes et les réflexions qu'elle m'ont suggérées ne peuvent en aucune manière s'appliquer à la généralité des mêmes pièces que j'ai vues et qui *portent les caractères les moins équivoques d'authenticité*. Ces réflexions peuvent n'avoir aucun fondement et j'avoue que je l'espère. Je l'espère pour cette collection si rare et si précieuse, pour l'histoire des Croisades. Je l'espère pour les familles, pour moi-même, qui ai déjà inséré plusieurs de ces pièces dans mon ouvrage. »

Enfin, Lainé déplore l'incendie des archives de la Chambre des Comptes de Paris, qui eût permis bien des vérifications.

M. Borel d'Hauterive ne tarda pas à faire une riposte à l'attaque si sérieuse de M. Lainé, qu'on vient de lire ; on la trouvera dans les *Archives de la Noblesse de France* t. IX, p. 15, ainsi que dans la *Revue historique de la Noblesse*, t. III, 15ᵉ livraison 1844, 1845. Nous allons résumer ici cette riposte.

M. d'Hauterive débute ainsi :

« Telle était la confiance générale qu'inspirait l'authenticité des titres de croisades, provenus de la collection de M. Courtois, qu'en écrivant notre premier article sur le musée de Versailles, nous n'avions même pas cru devoir nous arrêter à répondre à des attaques dirigées contre eux, dans plusieurs journaux de France et de Belgique.

A l'exception de quelques personnes dont l'opinion, dictée évidemment par l'ignorance et par l'intérêt, ne méritait aucun crédit, on était unanime à reconnaître que ces chartes ne pouvaient même pas être soupçonnées de la moindre altération. Voici comment M. Constant Gazerra, bibliothécaire de Turin, de retour d'un voyage à Paris, au mois de février 1844, s'exprimait à ce sujet dans une brochure italienne intitulée : Examens d'anciens titres, concernant des seigneurs piémontais qui, étant au service du comte Amédée, firent partie de la cinquième croisade ».

M. Borel d'Hauterive reproduit alors une partie de la brochure de l'archiviste italien Gazzera, dont nous avons parlé et il examine, en les discutant minutieusement, les principaux titres *italiens*. Il démontre, lui aussi, qu'il eût été impossible à un faussaire d'avoir une connaissance si approfondie de tant de faits. Ces faits pour la plupart, ne sont qu'à peine connus des familles françaises, allemandes, italiennes, etc., qui en possédaient les titres, sans s'en douter ; quelques-*uns ont été découverts à la suite de pistes données par la collection elle-même*[1].

M. Borel d'Hauterive conclut, avec M. Gazzora, que les deux mille titres de la collection, loin d'étonner par leur nombre, doivent *être regardés*, « comme un faible résidu d'une masse plus considérable. »

Après une longue citation, où M. Borel d'Hauterive s'attache à répondre, une à une, aux objections de M. Lainé, on lit :

… « M. Lainé, sans oser attaquer de front la collection, sans faire la moindre objection tirée de ses caractères intrinsèques, établit un espèce de calcul de probabilités, par lequel il démontre, qu'en prenant un certain nombre de chartes de la première moitié du XVe siècle, sur 314 noms qui y sont mentionnés douze appartiennent à des maisons non éteintes, tandis que, pour les titres de croisade, un tiers des familles sont encore existantes. Sans nous occuper du *choix des chartes* que M. Lainé a prises pour premier terme de comparaison, nous ferons remarquer que les parchemins de la collection Courtois dont il se sert pour établir son calcul sont, comme il en avertit lui-même, des pièces prises parmi les seize que nous avions publiées. Or, nous avions naturellement recherché celles qui, par les noms qu'elles renfermaient, intéressaient le plus grand nombre possible de personnes. »

Mais nous ne pouvons reproduire *in extenso* la discussion qui s'établit entre les deux grands généalogistes ; nous renvoyons le lecteur aux sources précitées. Monsieur Lainé ne se tint pas pour battu par son contradicteur et il répondit de nouveau qu'il était « *convaincu de l'authenticité de la majeure partie des titres*, mais qu'il admettait, comme M. Gazzera, la possibilité que des titres frauduleux aient pu se produire à la faveur des véritables, » ce qui, ajouterons-nous, est

---

[1] Je pourrais en citer plusieurs exemples si je ne craignais pas d'abuser de la place que le directeur de la *Revue historique de l'Ouest* veut bien accorder, aujourd'hui, à cet article fait trop à la hâte.

improbable puisque, dès que la collection fut signalée, il en
fut dressé un catalogue remis. aussitôt à M. Lacabane et
ensuite publié, fait ignoré de M. Gazzera.

« En résumé, les observations que j'ai faites, continue M. Lainé,
sur quelques réponses, subsistent, jusqu'à ce qu'on ait prouvé par
des titres quelconques, puisés dans un dépôt public, ou dans l'une de
nos histoires, que ces observations sont mal fondées. Mais je le répète, ces remarques.ne s'étendent pas au-delà de *ces quelques pièces
et ne peuvent en aucune manière atteindre les autres titres de croisades où l'on ne voit pas cette cohue de noms vivants, ni surtout la
masse des autres titres de ce cabinet, si riche en documents domes-
tiques d'une authenticité irrécusable.* »

La preuve par titres que demande M. Lainé, va lui être
donnée ci-après, sans faire de recherches sérieuses, mais, déjà
l'on voit, qu'après avoir été un adversaire déclaré de la
collection Courtois, Lainé commençait à se convertir : il
admettait comme certain que quelques titres seulement
étaient faux.

M. Borel d'Hauterive, encouragé par ce demi-succès, voulut
continuer la polémique et voici un résumé de sa nouvelle
réponse, qui visait surtout M. Lacabane, accusé, malgré sa
grande honnêteté, d'avoir eu des complaisances[1].

« Les falsifications ou les intercalations de noms étaient
impossibles, dit-il, car avant de commencer l'examen de la collection Courtois, M. Lacabane avait exigé qu'elle lui fût
remise tout entière, afin de dresser un catalogue général
des actes et des noms propres qui s'y trouvaient mentionnés
et de prévenir toute addition ultérieure, toute altération. »

Ainsi donc, une fois la collection remise à M. Lacabane
aucune addition n'était plus possible, à moins d'admettre la
complicité de cet éminent président et directeur de l'École
des chartes ! On voit jusqu'où l'on peut aller ! A ce compte-
là, aucune pièce, aucun acte français quel qu'il soit, ne pourrait être authentique ; mais il ne suffisait pas d'accuser, il fal-

[1] Dans une autre partie de la réponse de Lainé.

lait spécifier, indiquer les titres ajoutés, en un mot, donner des preuves à l'appui d'une semblable imputation, sous peine de passer pour un calomniateur. On ne put le faire. Du reste, cette accusation indigne tomba d'elle-même, devant l'inexorabilité que Lacabane montra à l'égard de plusieurs membres de familles illustres *et occupant des positions éminentes* dans l'État, qui cherchèrent sans succès, au moyen de chartes extraites d'autres sources que la collection, à se faire inscrire, après enquêtes, dans les salles réservées aux croisés.

On se rappelle que les calculs de Lainé avaient été faits, en prenant parmi une quinzaine de chartes, publiées par M. Borel d'Hauterive (et justement choisies par ce dernier parmi celles qui, comportant le plus de noms, devaient attirer l'attention d'un plus grand nombre de familles vivantes), celles qui étaient les mieux faites pour la cause. Borel d'Hauterive, le lui reproche encore et produit dix-sept autres chartes de la collection Courtois, où un seul nom (parfois aucun) appartient, dans chacune d'elles, à une famille existante encore, bien que la première charte compte trois noms de chévaliers, la seconde six[1], la troisième six, la quatrième quatre, etc.....

Dans les autres, il n'y a qu'un seul nom et encore ne s'applique-t-il pas toujours d'une façon certaine à une famille existante, comme pour Radulfus de Castre, chevalier, Gaillard de la Roche (ce dernier nom étant très répandu). Dans les chartes bretonnes des Croisades, nous voyons que celles, où se trouvent réunis deux noms de familles *existantes*, sont des exceptions; la plupart ne présentent qu'une seule maison encore vivante; elles échappent donc en partie à la grande objection de Lainé. Disons en passant que 25 noms de la collection Courtois étaient déjà inscrits à Versailles, avant 1840, et que 12 chartes, trouvées depuis, confirment plusieurs noms de la même collection. Enfin 30

[1] Il n'est pas prouvé que le nom Radulfus Royre s'identifie avec le nom de : du Roure.

noms ont deux pièces dans les titres Courtois et cinq en ont trois. Nous ne parlons ici bien entendu que des 180 titres que nous connaissons de la collection, lesquels ont servi aux inscriptions à Versailles.

.·.

Nous avons fait assister le lecteur aux phases importantes de la lutte entre les deux partis et nous avouons que ni l'attaque ni la défense ne nous satisfont entièrement, car M. Borel d'Hauterive n'a pas relevé, comme il l'eût fallu le défi que lui avait porté M. Lainé, défi que nous tenons à reproduire :

Je consens, dit-il, que vous étendiez le vôtre (le choix de pièces) sous les règnes de douze rois, jusqu'à Charles VI ; et si, dans cette période de plus de 200 ans, vous trouvez une seule charte qui rappelle des noms vivants dans une proportion telle qu'on les voit dans les six chartes que j'ai examinées.... je vous donne gain de cause pour toutes les autres pièces analogues de la collection Courtois et je conviendrai, si vous le voulez, que ce qui m'étonne si fort dans ces titres est la chose du monde la plus simple et la plus ordinaire.

Monsieur de Blancmesnil, dans sa notice sur quelques anciens titres, publiée vingt-deux ans, après la lutte que nous venons de décrire, n'eut, pas plus que Borel d'Hauterive, la naïveté de chercher à relever les noms vivants de toutes les chartes, pendant la période indiquée. Il se livra d'autant moins à ces recherches que le défi reposait sur une impossibilité matérielle, que dans sa présomption, M. Lainé n'avait point aperçue.

En effet, Lainé, malgré sa longue expérience, malgré ses travaux absoluments spéciaux sur cette matière, était incapable de faire le relevé en question. Il le prouve amplement en commettant; dans ses relevés, des erreurs énormes et impardonnables.

Qu'on en juge :[1]

1° Il compte, au nombre des familles existantes, les noms suivants, tous notoirement éteints, dès avant 1844 ; ce sont ceux de d'Arcès[2], de Bocsozel[3], de Leyssin, de Lathier, du Puy, (ces cinq noms que l'on présumait éteints n'ont pas été du reste inscrits à Versailles et personne n'a réclamé), de Crécy, de Landas, de Linden, de Cossard, d'Abancourt, d'Auxy, de Conflans, de Bassompierre. Voilà donc, à notre connaissance, déjà treize noms considérés à tort par Lainé comme existants, sans parler d'autres que nous ignorons. On avouera que c'est une erreur notable et l'on a surtout peine à comprendre comment Lainé, *qui prétend posséder si parfaitement la connaissance des familles*, a pu ignorer que Guillaume de Conflans était de la maison de Brienne, éteinte et que le dernier marquis de Bassompierre, dernier du nom, est mort, en 1837 ! Cela prouve, n'est-il pas vrai, d'une façon saisissante, combien sur ces questions d'extinctions l'on doit être circonspect, et combien un raisonnement qui s'appuie sur de pareilles bases, est fragile.

Que devient, en présence de ces erreurs étonnantes, et de bien d'autres que nous relevons, commises par celui qui certainement connaissait le mieux les familles françaises, que devient, dis-je, le défi porté par Lainé ? Quel est l'homme en France assez présomptueux pour tenter l'expérience

---

[1] Sur sept chartes que Lainé cite, il commet des erreurs de noms ; dans la première charte où il compte comme existantes huit familles sur neuf, alors que deux seulement existent. Dans la cinquième charte, on trouve deux erreurs, de même dans la sixième, de même dans la septième.

[2] Une famille de ce nom existe, mais elle a été anoblie, en 1843, par une charge de robe !

[3] Il confond sans doute avec Boccozel-Goulcquet, éteint du reste également.

La maison du Puy-Montbrun prétendant s'y rattacher, bien que des preuves fassent défaut, nous voulons faire connaître cette opinion toute spéculative.

lorsque l'on voit M. Lainé commettre de telles énormités[1]! On sait, que pendant de longues années, M. Bachelin Deflorenne a travaillé à établir l'État présent de la noblesse et qu'il a échoué piteusement, en 1884, dans sa 5ᵉ édition. L'un des hommes qui ont le mieux connu la noblesse bretonne, M. Pol de Courcy, m'affirmait, il y a quelques années, qu'il était sûr que la famille le Long du Dreneuc (des croisades), était éteinte. Or, j'en ai trouvé un rameau dans la Provence. Les actes de naissance ont été envoyés par moi à M. Pol de Courcy, qui, après une résistance acharnée, a fini par se rendre à l'évidence, en corrigeant, sur la 3ᵉ édition, la mention éteinte, de la 2ᵉ édition du nobiliaire de Bretagne. Nous citons ce fait à titre d'exemple[2].

Lainé, malgré ses calculs de probabilités, malgré les règles générales qu'il posait avec tant de hardiesse, n'était donc pas infaillible, tant s'en faut on l'avouera, quand il décrétait, en lisant une charte, qu'elle contenait tant de noms éteints, tant de vivants.

2ᵉ *Jamais*, dans une charte du XIIᵉ siècle, dit encore Lainé je n'ai vu, dans une série non interrompue de 24 noms, huit noms de familles existantes.

Sans aller fouiller les chartriers et sans consentir à faire le travail considérable et pénible, auquel Lainé avait convié inconsidérément ses contradicteurs, nous nous contenterons de répondre, en citant la liste des chevaliers de la suite de saint Louis, fournie par Joinville[3]. Nous y rencontrons

---

[1] M. Bachelin Deflorenne a essayé d'établir l'état présent de la noblesse. La première partie du volume (dernière édition, est très soignée, bien qu'incomplète et remplie d'erreurs. La fin est absolument insuffisante M. Deflorenne ayant reconnu sans doute son impuissance à mener à bien cette œuvre difficile.

[2] Le hasard m'avait fait trouver, en 1884, dans mon régiment, au 111ᵉ de ligne, un jeune soldat instruit et bien élevé appelé Lelong Dudreneuc. Ce jeune homme ignorait absolument son origine bretonne, et c'est moi, en suivant la filière par des demandes d'actes de naissance, qui ai pu le rattacher à l'un de ses ancêtres, lequel avait quitté la Bretagne, au XVIIIᵉ siècle.

[3] Édition du Cange, t. ii des *Mémoires sur l'histoire de France*, p. 435 Paris, 1819.

4 noms vivants, sur 32, ce qui n'est pas encore, il est vrai, la proportion de 8 sur 24, mais ce qui est déjà beaucoup plus que un sur 24 (soit quatre pour cent) qu'indique Lainé *comme règle fondamentale et générale.*

Voici une autre charte du commencement du XIIIᵉ siècle (vers 1220) On voudra bien nous pardonner si nous puisons dans les documents que nous avons sous la main.

Notices et extraits des manuscrits de la Biblioth. impériale et autres, en l'année 1862, 2ᵉ partie, pp. 290, 291, note 4.

In scaccario de termino Pasche, anno gracie MCCXVII, apud Falesiam, judicatum fuit quod abbatissa Sancte Trinitatis Cadomi non faciet excambium Radulfo de Tribus-Montibus, militi, de undecim sextariis bladi quos idem Radulfus habebat in molendino de Gaimare, per cartam dicte abatisse, quam idem Radulfus inde habebat factam sine assensu capituli sui, cum ipsa nichil possit dare alicui vel excambire ita quod sit ad detrimentum domus suæ. Judicatum etiam fuit quod carta illa non valebat et quod debebat dilacerari, et ibidem per judicium dilacerata fuit, coram domino Galtero, regis camerario, comite Roberto de Alencone, qui cartam illam dilaceravit, Roberto episcopo Baiocensi, H. episcopo Constanciensi, S. episcopo Sagiensi, V. de Mortuo-Mari (Mortemar), Amaurico de Craon, Fulcone Paenel, Ricardo de Vernone, N. Constabulario Normanie, Fulcone de Aunou, Henrico de Sancto-Dionisio, Milone de Leviis, Petro de Teillelo, Renardo de Villa Terrici, Bartholomeo Droconis, Ricardo de Fontenelo, Roberto de Meisnillo (du Mesnil), Roberto de Petrafiste (Pierrefite), Roberto de Nulleio, Roberto Peschevelron, Fulcone de Cantelou, Hugone de Botignelo, Roberto Freschenis (de Frensch), Roberto de Grantivilla, Roberto de Crols, Galfrido Rossel, W. de Mara, Ricardo Carbonnel, W. Carbonnel, Magistro Galfrido de Corcune, Roberto de Waas, Gervasio de Arreio Ricardo Pigace, tunc serviens baillivie. »

M. Delisle a extrait ce jugement de l'Echiquier de Normandie, du cartulaire de la Trinité de Caen. Ms. latin 5650 fᵒ 88 vᵒ.

Dans cette charte, sur 24 noms, nous trouvons sept familles que nous avons lieu de croire[1] existantes : Robert d'Alençon (maison de France), V. de Mortemar, Milor de Lévis, Robert

---

[1] Car, d'après notre principe, sauf pour quelques maisons très connues on ne peut rien affirmer.

du Mesnil, Foulques de Chanteloup, Robert de Croix, Geoffroy de Courson.

Personnellement nous ne connaissons ici que sept noms de familles existantes ; mais sans doute s'en trouve-t-il d'autres que nous ne connaissons pas; nous voilà donc arrivés à peu près à la proportion que Lainé déclarait impossible à rencontrer !

Voici une autre pièce, de la même époque, encore plus curieuse et plus probante où, sur deux noms cités, deux existent :

« In rotulo Anglie, totum breve scribitur, constabulario Normanie et P. de Stokes et Domino Lexovii, de feodis suis de Cursun et de Lascun quod Dominus rex ei reddidit sicut jus suum, que A. de Glaspion tenet[1]. »

La famille de Stoques existe en Angleterre et celle de Glapion en France.

Enfin nous reproduirons une troisième charte, toujours du même siècle où, sur cinq noms, trois, à ma connaissance, existent encore :

Notum sit omnibus, tam presentibus quam futuris, quod ego, Dyonisius de Clinchamp do Deo et heremo sancte Marie de Colomba, in perpetuam et puram elemosinam, pro salute anime mee et uxoris mee et antecessorum et amicorum meorum, unam minam avene, in feodo Ricarde Huelin, quod tenet de me annuatim, ad festum sancti Michaelis reddendam.

Teste : Gaurnero presbitero de Columba, Rualent de Campania, Vuilelmo de Corchon, Radulfo vicecomite[2], Ricardo de Sancto-Manuelo et aliis pluribus[3].

Voilà donc, sur 6 noms de famille cités dans cette charte, trois noms de maisons existantes : Denis de Clinchamps, Guillaume de Courson, Raoul le Vicomte[4].

[1] Rotuli Normanie, in turri Londonensi asservati, p. 107. — Hardy.

[2] Il s'agit bien ici du nom *le Vicomte*, car s'il s'agissait d'un comte Raoul (inconnu du reste), ce seigneur eut été mis en tête des témoins.

[3] Biblioth. nat., Mss. lat., 17137. Nouv. acq. 2044, registrum Cartarum, monasterii sancti Salvatoris vicecomitis, fol. 191, verso — vers 1220.

[4] M. de Courcy a fait des le Vicomte un ramage de la Roche-Suhart, à tort pensons-nous, nous croyons l'avoir indiqué suffisamment dans notre *Histoire*

3° Lainé avance encore ce qui suit :

« Si des curieux veulent répéter les vérifications que j'ai faites, rien ne leur sera plus facile. Ils trouveront, dans les historiens que j'ai cités, une foule de chartes, des XII°, XIII°, et XIV° siècles, qui rappellent plus de 20.000 familles nobles. Quelques-unes de ces chartes contiennent plus de cent noms. Ils peuvent diviser ces chartes en autant de portions correspondantes aux titres des croisades, *et je crois pouvoir affirmer de nouveau* qu'ils n'y trouveront jamais *quatre sujets, de suite, appartenant à des familles vivantes.* »

Eh bien cette assertion si hardiment affirmée, tombe à plat, elle aussi: En effet, la liste donnée par Joinville, intitulée Liste de l'hôtel du roi, contient 118 noms ; en voici le commencement :

« Cy sont les chevaliers de l'hostel du Roy (Saint Louis), écrite par Jean, sire de Joinville :

 Monsieur Walery,
 Ly Boutilliers,
 Ly Connestables,
 Monsieur Guillaume de Flandres,
 Ly sire de Néelles,
 Ly sire de Montmorancy,
 Ly sire de Harcourt,
 Messire Jean son fils,
 Messire Baudouin de Longueval[1] ».

. . . .

Nous nous arrêtons ici, s'écrie M. de Blanmesnil ; la preuve est faite, car à l'époque où Lainé posait l'impossibilité de trouver 4 noms vivants, se suivant, les familles de Néelles, de Montmorency, de Harcourt et Longueval, existaient toutes et l'on peut voir que les quatre noms se suivent bien, sans

d'une maison bretonne et de ses origines anglo-normandes. Si l'on nous contestait Raoul le Vicomte, la proportion des noms vivants n'en serait pas moins de ⅘ proportion jugée improbable par Lainé.

[1] *Mémoires sur l'Histoire de France*, par le sire de Joinville. p. 436, édition du Cange.

compter Jean, fils du sire de Harcourt (ce qui ferait un cinquième nom, si l'on tenait compte des répétitions de noms).

Voilà donc une fois de plus le calcul des probabilités de Lainé mis manifestement en défaut !

.·.

Nous n'irons pas plus loin dans l'énumération des démentis que doit recevoir la loi des extinctions telle que l'a posée Lainé. *Mais admettons pour un instant qu'elle soit exacte, indiscutable*, et qu'il faille s'incliner devant la statistique et ses hasards.

Nous citerons alors ce que dit M. de Blancmesnil :

« Oui, un assez grand nombre de titres de la collection... présentent évidemment une proportion de noms de familles vivantes, anormale et véritablement inadmissible. L'on prétendrait en vain, par suite d'un calcul général... que si les titres donnent jusqu'à 1700 ou 1800 noms, 180 noms existants ne sont que le dixième de la collection... qui ne voit que la proportion serait trop forte... ?

Loin de nous, assurément, de vouloir soupçonner aucune famille de duplicité... mais l'amour propre souvent amène un peu l'illusion..., Il est nécessaire de sortir de l'incertitude, qui n'est bonne pour personne.

Si nous venions dire que le total des familles inscrites aux salles des Croisades.... est peut-être trois fois plus élevé qu'il ne devrait l'être, qu'au lieu de 180 maisons environ, de cette catégorie (de la collection Courtois), il n'y en a que 60 ou 70 [existantes], auxquelles les croisés inscrits au Musée appartiennent véritablement, est-ce que, immédiatement, tout n'est pas concilié ? Est-ce que le mot de l'énigme n'est pas trouvé ? »

Voilà donc le mot lâché ; M. de Blancmesnil, trop influencé par l'argument de Lainé, est d'avis qu'il y a une amputation à faire ; il ajoute que ce ne sont pas les titres qui sont apocryphes, mais que ce sont certaines identifications de noms qui seraient fautives, que ce sont certaines généalogies, tenues pour exactes, par les familles (dont la bonne foi ne peut-être soupçonnée), généalogies qui les rattachent à des croisés, par suite de traditions respectables, qui seraient erronées. Parfois, en effet, il y a dans la collection, plusieurs familles du même nom, sous le même suzerain. A qui attribuer le croisé?

Examinons donc comment les identifications des noms ont été faites aux salles des croisades.

Pour porter légitimement le nom et les armes d'un personnage (sans parler de la transmission par les femmes), il faut descendre d'un auteur commun, de mâle en mâle, et en ligne légitime, ou bien (comme les trois quarts du temps cette preuve est impossible), prouver que la famille existait notoirement; à l'époque de ce croisé et qu'elle a été, de toute ancienneté, noble, qu'elle a été établie et possessionnée dans la contrée, qu'elle s'est continuée notoirement dans la même province, qu'elle n'a pas cessé de porter le même nom.

Mais, il arrive au plus grand nombre des familles, malgré leurs généalogies superbes, et parfois sans lacunes jusqu'au XIII⁰ siècle (ce qui indique ordinairement qu'elles sont peu sérieuses), que leur premier auteur certain n'apparaît généralement que cent cinquante ou deux cents ans après le croisé.

Dans ces conditions, il est bien évident qu'un fief qui a probablement donné le nom au croisé, a pu, dans ce laps de temps considérable, changer plusieurs fois de main, un nouveau propriétaire s'adjoignant le nom avec le fief.

Or, je tiens à le répéter, la plupart des familles françaises, en dépit de leurs prétentions, souvent inconscientes[1], ne remontent pas sans interruptions, par filiation directe et sur preuves certaines, avant les dernières années du XIV⁰ siècle, même généralement avant le XV⁰.

---

[1] Nous connaissons des familles de vieille noblesse, surtout de la Guyenne qui se couvrent de ridicule et méritent l'épithète de Gascons, en voulant remonter jusqu'à Charlemagne et qui produisent en outre des mentions archifausses remontant sans interruption jusqu'à l'an mille.

Mais, si des seigneuries ont pu être léguées, dans la même province, à d'autres familles, qui se sont approprié, le nom avec le fief, cela n'a pu se produire, ni pour les familles dont le nom patronymique n'était pas un nom de fief, ni pour celles dont le fief origine du nom, se trouvait dans une autre province et dépendait d'un suzerain autre que celui du croisé en question. Ainsi les Urvoy[1], les Visdelou, etc., n'ont pu passer leur nom à d'autres familles. En effet, aux XIIIe, XIVe, XVe siècles, on s'adjoignait bien une seigneurie, mais jamais le nom patronymique, quand il n'entraînait pas une possession de seigneurie. Et pourquoi l'eût-on fait ? Par elle même, l'appellation patronymique n'était point une valeur, surtout à cette époque où l'hérédité du nom venait à peine de s'établir.

De la même façon, les noms Normauds, Angevins, Poitevins, que l'on peut retrouver, soit en France, en 1248, soit en Orient, à la sixième croisade, sous la suzeraineté du duc Pierre Mauclerc, n'ont pu se perpétuer, en Bretagne par exemple jusqu'à nous, par substitution de famille ; en effet, je le répète encore, quel intérêt, à l'époque féodale, pouvait-on avoir à prendre un nom qui n'entraînait pas la possession d'un fief? Je ne crois pas qu'il y ait d'exemple de ce fait, si ce n'est comme exception confirmant la règle.

Toute la question, dit Monsieur de Blancmesnil, revient donc à poser deux termes :

« Ou la collection est apocryphe, -

Ou bon nombre de maisons inscrites dans les salles des croisades sont à tort considérées comme continuant celle du croisé de leur nom.

[1] Le nom d'Urvoy (et plusieurs autres) aurait dû figurer dans la salle des croisades au même titre que celui des familles bretonnes qui y ont été admises S'il n'y est pas c'est sans doute qu'en 1844 la famille a ignoré qu'un titre de la collection Courtois lui permettait d'y prétendre ou qu'elle a négligée de faire une demande. Il n'y a eu, en effet, en Bretagne qu'une seule maison noble du nom d'Urvoy qui était fixée comme aujourd'hui, dans les Côtes-du-Nord. Pierre, Philippe, Barthélemy, Yves figurent dans des actes de 1200, 1260, 1277, 1283, à Lamballe.

Toujours dans l'hypothèse que nous avons *momentané-ment admise*, à savoir que la loi des extinctions du quatre centième était exacte, il est évident qu'il faut choisir entre les deux alternatives présentées ci-dessus.

Or, les constatations faites, les observations, les considéra-tions, que nous avons présentées précédemment, nous semblent absolument interdire la conclusion que les titres sont apocryphes : personne, du reste, ne l'a soutenu sérieuse-ment ; quelques écrivains seulement, qui au surplus *n'avaient point vu les originaux*, ont supposé, je l'ai dit, que quelques titres faux, (on ne les désignait pas !) avaient pu être glissés parmi les authentiques.

Il ne subsisterait donc plus que le deuxième terme ; nous allons le discuter.

DISCUSSION DE CE DEUXIÈME TERME.

Le deuxième terme énoncé quelques lignes plus haut, s'il était démontré qu'il est vrai, comporterait la nécessité de tran-cher dans le vif et, chose bien délicate, de déclarer qu'il y a superfétation de familles, parmi les inscrits à Versailles. En effet, *la loi du quatre pour cent étant admise*, il s'ensuivrait que *72 familles seulement de la collection Courtois figureraient à bon droit à Versailles et que cent huit devraient en être biffées.*

Cette réduction est évidemment exagérée car, est-il besoin de le redire, rien n'établit *la loi du quatre pour cent* ; nous avons prouvé, croyons nous, par des citations, d'abord que cette prétendue loi s'étayait sur des bases fausses, ensuite, que la connaissance approximative des extinctions, était absolument impossible à acquérir, en sorte que Lainé, qui n'avait passé sa vie qu'à étudier ces ques-tions et les généalogies, *avait commis de monstrueuses erreurs.* Quand même on admettrait que Lainé eût possédé cette con-naissance d'une façon très exacte, il ne s'en suivrait pas que le calcul statistique établi par lui fût admissible, car aucun fait, cela est un axiome bien connu, n'a d'influence sur le fait qui suit, quand le premier n'engendre pas le second, c'est-à-dire quand deux faits sont indépendants l'un de l'autre quoique de même nature. La loi basée sur la statistique n'a donc pas de valeur.

Après *cet avertissement*, nous ne ferons pourtant aucune difficulté à reconnaître qu'il a dû y avoir, lors des admissions à Versailles , des erreurs dans l'identification de quelques maisons existantes.

En effet, quelles étaient les principales conditions imposées aux familles pour leur inscription dans les salles des croisades, c'est-à-dire pour les identifier avec les croisés dont on possédait les titres ?

1° Fournir un titre de croisade à leur nom, dont l'authenticité fut reconnue.

2° Appartenir à une race assez ancienne pour permettre de considérer leur armes, (à défaut de sceau appendu à la pièce), comme ayant pu appartenir au croisé qu'elles prétendaient représenter.

3° Etre dans la province dont le chef (roi, duc, comte) apparaît, dans les titres présentés, comme étant le suzerain du croisé. La famille devait, bien entendu, depuis un temps immémorial (du moins depuis l'époque de la croisade), s'être perpétuée jusqu'à nos jours dans la même province[1]. Il fallait donc prouver que la famille existait du temps de la croisade.

4° Avoir été déclarée d'ancienne extraction, c'est-à-dire appartenir à une maison dont la noblesse n'était point constatée par des lettres d'anoblissement[2] et, qui, par conséquent, se perdait dans la nuit des temps.

5° N'avoir pas été substituée, depuis la croisade, au nom et armes d'une autre famille, c'est-à-dire à celle du croisé qu'elle

---

[1] Ou bien avoir des attaches constatant, en cas de changement de province, que la famille était bien la même.

[2] On repoussait inexorablement toutes les familles dont la noblesse avai t pris naissance dans les charges de robes ou autres semblables offices.

représentait. Une pièce qui eût constaté cette substitution eût entraîné la radiation immédiate des propositions.

En raison de ces exigences, quelles étaient les pièces que les familles, demandant leur inscription dans les salles des croisades, durent produire ? Il ne pouvait être question de généalogies, remontant au XIII° siècle, bien entendu. Pour la Bretagne, la preuve fut assez simple, car les anciennes réformations du duché, aux XV° et XVI° siècles, étaient des certificats d'ancienneté de haute valeur. On les produisait donc ainsi que : 1° les actes de réformations postérieurs, ceux de 1668 et suivants, 2° les preuves faites plus tard devant l'intendance. Les arrêts du conseil d'État ou du parlement, et autres pièces analogues, étaient également admises comme preuves sérieuses.

Mais, ce que nombre de prétendants mettaient parfois uniquement en avant, c'étaient *des preuves de cour*, des généalogies établies sur les certificats (donnés par la dynastie des d'Hozier, tous généalogistes des souverains), pour monter dans les carrosses, suivre le roi à la chasse, jouir des honneurs de la cour. *Ces preuves étaient évidemment insuffisantes*, et ne présentaient aucune garantie ; M. Lacabane ne se gêna pas pour le dire ; mais malgré son opposition elles furent parfois considérées comme sérieuses et amenèrent quelques admissions ! Ainsi le titre de Croisade pouvait être authentique, mais l'identification n'était pas toujours bien prouvée par ces pièces de cour ; c'est là qu'il faut chercher le mal, c'est là qu'il faut peut-être porter la hache, si l'on se laisse influencer par les calculs statistiques.

« En effet, dit en 1844, avec beaucoup de vérité, M. Lainé, les ancêtres de M. d'Hozier, alors qu'ils remplissaient les fonctions de généalogistes du roi, n'ont jamais pu penser, en délivrant leurs certificats de noblesse, qu'ils délivraient *des généalogies authentiques*[1],

[1] Beaucoup sont d'une fausseté notoire, parfois dénotent une ignorance noire et l'on voit souvent d'Hozier se soumettre, malgré les prétentions les moins soutenables, devant les ordres du monarqu?, après les appels des intéressés devant un parlement incompétent dans ces questions.

les généalogistes du roi n'étaient pas des officiers publics. Ils n'avaient qu'un caractère privé, même assez restreint..... En plus d'une occasion, il est arrivé que des familles dont d'Hozier contestait les titres, ayant décliné sa décision, en ont appelé à l'examen d'une commission de savants et ont obtenu les honneurs de la cour, par arrêts du conseil d'État rendus sur les conclusions de cette commission. C'est pour cette raison qu'une preuve de Cour, une preuve de Page ou de maison royale, essentielle pour l'objet spécial, était sans force et sans autorité, hors de la maison du Roi et ne faisait point foi de son contenu en Justice. Les certificats de tous les généalogistes du roi réunis ne sauraient donner, à une preuve de noblesse, le caractère officiel qui lui manquerait si elle ne s'appuyait pas d'abord sur un jugement de maintenue ou un acte souverain constitutif de noblesse.

Il résulte donc, de ce que je viens de dire très sommairement, en faisant une citation, *que les preuves de cour n'offrirent pas, pour les inscriptions aux salles des croisades, toutes les garanties de pureté d'origine désirables.*

Sans vouloir reproduire certaines diatribes, publiées au siècle dernier, au sujet de plusieurs maisons ducales, il faut reconnaître, dit M. de Blancmesnil, que quelques familles, des plus illustres, ont trouvé, au moment de s'éteindre, un descendant obscur, d'une branche perdue depuis des siècles, mais que l'on s'est empressé de reconnaître comme branche cadette et qui

« A été revêtu des titres, charges et dignités de celui qui n'avait pas à qui transmettre cette grande situation. L'identité de la famille est-elle ici bien constatée ?... Mais le Roi... qui considérait les grands noms comme une des plus majestueuses décorations qui puisse entourer son trône, se prêtait volontiers à ces substitutions.

De grossières erreurs existent dans les généalogies produites pour les preuves de cour. On y constate un défaut absolu de documents authentiques, en certaines circonstances. Cela est un fait avéré qui ne trompe que les ignorants car...

« Toute personne qui a quelques notions sur les anciennes familles... peut, dit M. de Blancmesnil, discerner les noms anciens ..

des noms qui ne tiennent pas à la noblesse de race et qui montrent de ridicules prétentions à cet égard ! L'on dira sans doute que *tels* et *tels*, bien que couchés sur la liste des honneurs de la cour, ont pu assurément monter dans les carrosses du roi, sans pour cela remonter aux croisades... On dira que les P... qui étant une bonne et ancienne famille de robe, bien que figurant aussi sur la liste des honneurs, apparemment comme ducs et pairs, sous le nom de G... ne sont pas et n'ont jamais prétendu être nobles de race et tant d'autres, sans parler de bâtards légitimés ou non, etc. »

Néanmoins c'est encore trop que les non-initiés à l'histoire puissent être trompés. En résumé, pour conclure, après la longue discussion qu'on vient de lire, relative à la proportion des familles éteintes, par rapport à celles qui existent, j'estime qu'il serait facile, en faisant des recherches à la Bibliothèque nationale, de s'assurer si quelques noms n'ont, à leur dossier, que des preuves de cour, et s'ils n'ont pas appuyé leurs prétentions pour l'inscription de leur nom et de leurs armes dans les salles des croisades, par des pièces d'une valeur égale aux actes de réformations ou autres pièces analogues.

En tout cas, cette recherche regarde nos contradicteurs et jusqu'à ce qu'ils aient parlé, je tiens, à bon droit je pense, pour légitimement inscrites à Versailles les familles qui y figurent, admettant simplement *qu'il est possible* qu'un petit nombre d'entre elles soit à rayer comme n'ayant fourni que des preuves de Cour ou par suite de fausse identification.

Enfin, je terminerai ce chapitre par une considération qui a son importance, et que ni Lainé, ni Gazzera, ni Borel d'Hauterive n'ont énoncée. La voici :

On sait qu'aux XVIIe ou XVIIIe siècles les chartes des Croisades ont été notées au dos (l'écriture est de cette époque). Qui nous dit qu'alors ceux qui ont ainsi coté ces pièces n'en ont pas brûlé un grand nombre, pour ne conserver que celles qu'ils jugeaient utiles, c'est-à-dire celles où se trouvaient des noms qu'ils croyaient existants ? Cela paraît non seulement plausible mais même probable. Si cette dernière supposition était admise, et il est possible qu'on trouve des indications pour le démontrer, la loi des extinctions qu'invoque Lainé ne saurait même plus, par ce fait seul, s'appliquer à la collection Courtois

La plus grande partie de notre tâche est faite; aussi passerons-nous rapidement sur les dernières objections de Lainé qui n'ont pas grande importance :

CINQUIÈME OBJECTION.

Lainé considère deux ou trois titres comme faux, parce qu'ils ne portent qu'un nom unique et surtout parce que ce nom est, dit-il, notoirement roturier.

Réponse. — Pourquoi une charte ne porterait-elle pas un nom unique? Nous avouons ne pas bien saisir l'objection[1]. Maintenant, que ce nom soit roturier, c'est une appréciation personnelle à Lainé. Il y a aujourd'hui des familles roturières qui portent des noms illustres, bien qu'elles n'appartiennent nullement à la noblesse. Réciproquement, il existe des familles de la plus antique noblesse, portant des noms d'apparence absolument roturière, par exemple les familles des croisés Cropte Bonin, Berthon, etc... qui ne sont autres que : Cropte de Chanterac, Bonin de la Bonninière de Beaumont, Berthon, duc de Crillon, etc...

SIXIÈME OBJECTION.

Plusieurs titres de la collection Courtois portent une titulation « archi-vicieuse, dit Lainé, et impossible à rencontrer, car jamais dans aucune charte du moyen âge, le titre de *Dominus* n'est joint à celui de *Valetus* ».

Réponse. — Voici l'une des chartes :

---

[1] Peut-être parce que tout accord exige deux témoins ? Mais tout dépend du genre d'engagement pris !

« Memoriale sit quod, ego, Odo Pancia, nomine societatis meo, de mutuo tradidi et complevi domino Theobaldo de Recluso, valeto, quantitatem XV librarum Turonensium, pro quibus dictus dominus garantizatus est, in quibusdam litteris garrandie pro, XLII militibus et valetis, per illustrissimum dominum Alphonsum, Comitem pictaviensem, communiter datis, de quibus XXV libris turonensibus profatus dominus Theobaldus contentus est et pro parte sua me quietat. In cujus rei testimonium signo suo se subscripsit † :

Actum apud Damyetam, anno Domini, millesimo ducentesimo XLIX°, mense novembris, in presencia dominorum Hugonis d'Orfeull, Hugonis de Frans, valetorum, Lodisii de Zucha, Rafaelis de Crema. »

Les prétendus faussaires, en fabriquant la pièce qui précède, ne péchaient pas par ignorance, car d'abord, dans un acte de garantie donné, par le même comte de Poitiers, nous trouvons Hemericus de Monte-Aremberti (Montalembert), qualifié *miles*, en 1249. Puis, dans un autre acte, garanti toujours par le même comte, apparaît un second Montalembert, Guillaume, lequel fait un emprunt de 300 livres tournois, conjointement avec six autres seigneurs, tous qualifiés *Valeti*, sans que ni *Valeti* ni le nom soient précédés du mot *domini*.

La charte commence ainsi :

« Universis presentes litteras inspecturis, notum sit quod nos, Hugo de Allimonia, Reginaldus de Mocerio, Guido de Lanau, milites, Johannes de Thusca, Guillelmus de Monte-Aremberti et Guillelmu Meschin, Vale ti, habuimus et mutuo recipimus, etc. »

Un autre charte de la collection signale encore *Aymeric de Réchignevoisins, Varlet*, sans que, non plus, le mot *Dominus* précède *Valetus*.

Il n'y a donc pas de doute, les prétendus faussaires étaient au courant de la question et ils savaient parfaitement qu'on ne pouvait dire : *Dominus valetus*, pour une bonne raison c'est qu'ils ne l'ont pas écrit ainsi et que dans plusieurs autres chartes le mot *valetus* est seul employé. Il n'existe, à coup sûr, aucune charte avec les mots *Dominus et valetus* se suivant immédiatement et dans cet ordre-là, comme semble l'insinuer Monsieur Lainé.

En effet, dans certaines chartes précitées, *Dominus* précède les noms patronymiques et de baptême ; ainsi : *Dominus Theobaldus de recluso, valetus* ; puis, à la fin de la charte, on lit : *Dominorum Hugonis d'Orfeuil, Hugonis de Frans, Valetorum.* On ne voit donc jamais *dominus* et *valetus* se suivant.

En outre, remarquons que si *seigneur Varlet* est une expression inadmissible et fautive, l'expression seigneur Hugues d'Orfeuil, Varlet, est au contraire très plausible et l'on va voir que Lainé s'est trompé encore une fois, en déclarant cette titulation archivicieuse. Il est vrai, hâtons-nous de le dire, les mots messire ou *dominus*, sont le plus ordinairement suivis, dans les chartes, des mots Chevalier ou *Miles*, nous ne l'ignorons pas.

Au XIIIe siècle, les titres de *Miles*, *Armiger* et *Valetus* désignaient des échelons, des grades (ou dignités militaires si l'on veut) qui conféraient la noblesse à ceux qui y arrivaient. Ces échelons étaient parcourus par les nobles eux-mêmes, qui les occupaient tous presque exclusivement. Rien ne s'opposait donc à ce qu'un jeune seigneur, possesseur de fief, à la suite d'héritage ou de tout autre événement, eût le titre de Varlet. Il était donc bien seigneur et revêtu en même temps du grade de Varlet[1].

Cela saute aux yeux, quand on comprend bien la signification de Varlet. En admettant (pour aller jusqu'au bout de la démonstration) que cette titulation fut vicieuse, ne peut-on l'attribuer à un scribe ignorant, du XIIIe siècle ? Ces scribes ont commis bien des bévues et donné parfois bien des preuves d'ignorance ! En tout cas la dite titulation n'a rien d'anormal et ne prouve certes pas que la pièce soit fausse.

---

[1] Voici quelques exemples, extraits du fond Buzay (Arch. de la Loire-Inlér.): Hugues de Thoarz, varlet, seigneur do Pozauges, 1280.«... Nobilis viri Hugonis de Thoarcio, domini Pozaugiarum, valeti » (titre de 1283).

Gerardus Chaboz, valetus, dominus Redenarum, 1286.

Septième objection

Pourquoi plusieurs titres portent-ils des mentions, écrites au dos ou au bas, d'une écriture très postérieure à 1249 ? Enfin, a-t-on pu vérifier si les armateurs génois, cités par les chartes des croisades, ont vraiment existé ?

Réponse. — Au dos de bon nombre de titres ou au bas, on remarque en effet des inscriptions, en langue italienne, *toutes de la même main* et d'une écriture incontestablement très postérieure à 1249. Il est facile de se rendre compte que ces notes, écrites plusieurs siècles après l'original[1], sont l'œuvre de quelqu'un qui avait fait une sorte de catalogue de ces titres, non pas évidemment pour recouvrer des créances, périmées depuis fort longtemps, mais, sans aucun doute, pour mettre en ordre et conserver des pièces qu'il jugeait curieuses et se rapportant à des noms qu'il connaissait peut-être. Celui qui a mis ces papiers en ordre a pu en déchirer beaucoup, je l'ai dit plus haut, ceux par exemple qui n'étaient plus en assez bon état de conservation ou qui lui ont semblé sans intérêt.

Quant à la vérification des noms des armateurs génois, un document des plus remarquables, dû au hasard, a permis de la faire d'une façon très satisfaisante.

En effet, Monsieur Jal, historiographe de la marine, avait découvert, en 1842, c'est-à-dire 2 ans après la divulgation de la collection Courtois, divers contrats, passés en 1247 et 1248, entre les fondés de pouvoir de Saint-Louis et des armateurs génois, à l'occasion du transport des croisés. M. Jal fit insérer ces contrats dans un livre intitulé : *Mémoire sur quelques documents génois, relatifs aux deux croisades de saint Louis*, Paris, imprimerie Royale, 1842.

Cette découverte avait vivement frappé autrefois M. Guessard, professeur à l'École des chartes, qui en parla longuement

---

[1] Nous avons dit plus haut qu'elles pouvaient dater des XVIe ou XVIIe siècles.

à ses élèves, en 1805, ou 1806, si je ne me trompe ; ces contrats, en effet, étaient, on en conviendra, une confirmation, aussi saisissante qu'inattendue, de l'authenticité des chartes Courtois, car ils reproduisent les noms de banquiers et d'armateurs génois, du XIII° siècle dont plusieurs se rencontrent aussi dans les titres de la collection. Ces noms sont : Boccanegra, Calvo, Cigala, Jinsulpho, Spinula, Larcario, Riccio. Les prénoms ne sont pas les mêmes car les époques varient.

Or, des faussaires ne pouvaient, de toute évidence, connaître les contrats, mis au jour postérieurement à la divulgation de leurs titres, à moins d'avoir le don de seconde vue. Ce serait un véritable hasard si ces habiles faussaires avaient pu inventer complètement la vérité.

CONCLUSION

Je crois avoir été au devant de toutes les principales objections et les avoir résolues. La conclusion forcée de ce qu'on vient de lire est donc que :

1° Les titres de la collection dite Courtois, ou des croisades sont authentiques.

2° Un petit nombre de maisons ont, peut-être, été à tort inscrites à Versailles pour deux motifs, d'abord parce que l'identification des noms n'était pas certaine, ensuite parce que l'identification de quelques maisons a été faite uniquement sur des preuves de cour, qui sont souvent insuffisantes et n'ont pas un caractère d'authenticité indiscutable.

⁂

Certainement on peut trouver des chartes de croisades qui sont abominablement fausses et frauduleuses ; mais, s'il en existe vraiment, elles n'ont jamais fait partie de la collection Courtois ; elles ont été présentées peut-être à M. Lacabane, et il n'y a pas de doute qu'elles n'aient été repoussées par lui avec le dédain qu'elles méritaient. Elles ont été mises de côté, puisqu'elles ne sont point mentionnées dans les catalogues dressés par M. Lacabane et dont nous avons parlé plus haut et puisqu'elles n'ont pu faire inscrire aux salles des croisades les noms qu'elles reproduisaient.

Ce sont ces chartes, sans doute, fabriquées par d'indignes spéculateurs, qu'on a pu tenter de vendre aux familles un prix exorbitant ; ce sont elles dont parlait, m'a-t-on dit, avec dédain, un certain directeur de cabinet généalogique à l'un de nos plus distingués compatriotes, élève de l'École des chartes. Ce directeur les traitait, avec raison, de frauduleuses et nous sommes entièrement de son avis ; mais nous le prévenons, charitablement, puisqu'il dit en avoir en sa possession, qu'elles ne faisaient nullement partie de la collection Courtois (qu'il aurait tort d'incriminer), ce dont il est à même de s'assurer à Paris. Il n'a donc pu être que mystifié par celui qui lui a vendu des chartes de croisades, ainsi que l'ont été et le seront encore bien d'autres naïfs de sa catégorie.